そんな保険はやめなさい

社会保険労務士・CFP
関根 芳美
Yoshimi Sekine

はじめに

スーパーの特売チラシを欠かさずチェックし、冷蔵庫の開閉やシャワーの水などの水道光熱費に気を使う節約主婦の皆さん、すばらしい努力だと思います。

塵《ちり》も積もれば…で、家計を助けていることは間違いありません。

では、毎月数万円も支払っている生命保険料に関してはどうですか？

「主人の給与天引きなので、よくわかりません」

そんな声がよく聞かれます。

これって変だと思いませんか？

人間の体に例えたら、小さなすり傷や切り傷に一生懸命手当てしている一方で、出血多量で生死にかかわるような大ケガを放置しているようなものです。

年間二百件以上の保険見直し相談を受けながら、その家計に及ぼす影響の大きさを私は確信しています。家族の中のだれかがこの知識を得ることによって、ファミリーでは数百万円単位のプラスの効果を生むことになるでしょう。

この本を手に取ったからには、

「ややこしそう」

「面倒くさい」

とこれまで敬遠していた最大の固定費「生命保険」に対し、聖域なき家計改革を断行しましょう。

さあ、次はあなたの番です。

関根　芳美

そんな保険はやめなさい　目次

はじめに

第一章　何のために保険に入ったのか

第二章　そもそも死亡保険に入るべきか？

第三章　そもそも医療保険に入るべきか？

第四章　まず、自分を知ろう

第五章　今入っている保険をチェックしてみよう

第六章　せきね流　ケース別おすすめ見直しプラン

あとがき

第一章

何のために保険に入ったのか

一千万円もの大金を出して何を買ったかワカラナイ？

私が保険の相談にみえたあるご夫婦に、

「なんでこの生命保険に入られたのですか？」

とお聞きすると、大抵のご主人さまは、

「そりゃあ、僕が死んだら家族が困りますから…」

とお答えになります。

「では、万が一のときでも困らないようになっていますよね。亡くなったらいくら下りてくるどのような生命保険ですか？」

と伺うとご主人さまは、

「さぁ…？　困らないとは思うんですが、金額や仕組みはハッキリわかりません」

さらに奥さまも、

「引き落とされている保険料ならわかるんだけど…」

といった感じです。

一世帯あたりの生命保険に対する支出の年平均は、五十三万円を超えています。仮に三十年間払い続けたら、千六百万円近くになります。

住宅の次に大きな買い物といわれる生命保険。巨額のコストをかけながら、内容がわからず、安心できていない人が非常に多いことに驚きます。

何を買ったかわからなくなるのには理由があります。夕飯の食材も洋服も家電も…、どれを買うかは自分で決めています。

ところが生命保険に関しては、自分ではなく「セールスさんに」決めてもらっているからです。

では、セールスさんは、あなたの保険金額をどうやって決めると思いますか？

あなたが出せる保険料と自分の成績とのかねあいで決めています。それで、あなたの家族は大丈夫なのでしょうか？

自分の「お宝」を知らないなんて！

「予定利率」という言葉をご存知ですか？

預金や貯金の利率のようなもので、皆さんの支払う保険料のうち、将来受け取る満期や保険金のために積み立てられている部分に関して、生命保険会社が運用を見越して約束した利率、つまり割引率のことです。

バブルのころは、定期預金などの貯蓄型商品の利率が高かったですよね。あのとき、たくさんお金があって貯金できていたら良かったのでしょうが、そんな人ばかりとは限りません。

でも、あのころ、たまたま生命保険に加入された人は、けっこういたのではないでしょうか？　それも、貯金だったら長くてもせいぜい十年したら満期が来てしまいます。ところが、生命保険だと平気で二十年も三十年もの長きにわたり5％とか6％の高利率を約束してくれています。

この低金利時代にものすごい運用先、まさに「お宝」だと思いません

予定利率の推移　（国内大手・有配当）

契約日	保険期間		
	10年未満	10～20年	20年超
Ｓ56年４月～Ｓ60年３月	6.00%	5.50%	5.00%
Ｓ60年４月～Ｈ２年３月	6.25%	6.00%	5.50%
Ｈ２年４月～Ｈ５年３月	5.75%	5.50%	5.50%
Ｈ５年４月～Ｈ６年３月	4.75%		
Ｈ６年４月～Ｈ８年３月	3.75%		
Ｈ８年４月～Ｈ11年３月	2.75%		
Ｈ11年４月～Ｈ13年３月	2.00%		
Ｈ13年４月～	1.50%		

か？　ところが、自分が「お宝」を持っていることを知らない人がなんと多いことか！

「この昭和六十三年に契約した養老保険は、なぜ解約したんですか？」

と奥さまに伺うと、

「不況で主人の給料が減ってしまい、ゆとりがなくなって解約しました。そのおかげで、月々少しだけ貯金できるようになったんです」

「えッ！」

絶句…です。

５・５％の素晴らしい運用先を持っていたのに、ほとんど利息のつかない普通預金に替えるなんて！　知らないって怖いですね。

でも実際は、あなたはもっと恐ろしいことをしています。

高い予定利率（無謀な約束）の尻ぬぐいをしたのはあなた

好景気に沸き、無謀な約束をしてしまった生命保険会社。しかし実際は、バブル崩壊で当初見込んでいた運用成績を上げることができず、「逆ざや」に苦しみました。中途給付や満期のたびに、足りない分に対し自腹を切って払い続けていたのですから。

結局、高い予定利率という巨額の不良債権に耐え切れず、いくつもの保険会社が姿を消しました。あなたたち契約者に条件変更などの尻ぬぐいをさせて。

では、破たんしなかった保険会社は、どうやって切り抜けたのでしょうか？

新しい手法で運用成績を上げたのでしょうか？

経費を節約して捻出《ねんしゅつ》したのでしょうか？

過去の貯金を取り崩して耐えたのでしょうか？

確かにそのような企業努力もあったでしょう。しかし、ここでも一番「逆ざや」に貢献し、尻ぬぐいをしたのはあなたです。

「有利な入院特約のついた新しい保険に替えませんか」とか、

「今の保険を転換・下取りすると保険料が安くなります」とか、

「保険口座にまとめると割引があります」とか、

セールスさんに言われて、新しい保険に替えませんでしたか？

尻ぬぐい①　お荷物になっている高い予定利率の保険をやめてくれて、

尻ぬぐい②　そのたまっていた解約返戻金を要求することもなく、

尻ぬぐい③　そっくりそれをまた保険会社に差し出し、

尻ぬぐい④　保険会社に有利な低い予定利率の保険をかけ続けて下さる…、なんて！

あなたのような契約者は、保険会社にとってまさに神様です。

わからないばっかりにカモになる

保険会社泣かせの「お宝保険」をやめさせて、保険会社に有利な「泥舟保険」に替えさせる…。これはひとえに、契約者の無知につけ込んでいるのです。

これがもし、あなたが仕組みを理解している貯金の話だったら？

5％の利率の二十年満期の定期預金百万円をもっていたとしたら、どんなに強烈なセールスマンにキャンペーン中だと言われても、どんなに洗剤やカレンダー、テレビ情報誌などの粗品をもらっても、あなたは絶対に1・5％の定期預金に預け替えることはしないでしょう。

ところが、生命保険の世界ではそんなことが日常茶飯事です。

例えば「契約が続けられない。やめたい」というような話になると、担当セールスさんは決まってこう言います。

「せっかくいままで続けてきたのに、解約なんて損ですよ」

そう言われると、どのように損か？　などとは考えずに、

「それもそうだな」

と、思ってしまいます。

ところが、解約は損だといったセールスさんは、

「では、今の保険を下取り（転換）して、新発売の保険に替えますと、保険料を抑えることができますよ。今度の保険は一泊二日から入院の保障がありますし、キャンペーン中で新米が当たるチャンスもあります」

などと新契約を勧めてきます。

実際のところ、下取り（転換）は一時解約と同じことです。しかも解約返戻金を受け取らないばかりか、新しい保険の契約内容によっては、解約返戻金を食いつぶしながら契約を続けていくので、契約者には不利な場合が多いのです。

下取り（転換）契約ワースト一位のご紹介

私の経験の中で、過去最高にひどい事例を紹介しましょう。

Aさん（四十五歳・男性）は、平成二年に契約した個人年金保険を持っていました。内容は六十歳から十年間、年間百万円の年金をもらえる個人年金保険でした。ところが、私と会う三カ月ほど前に熱心なセールスに遭い、その超お宝保険を転換し、ほぼ同じ保険料で終身医療保険の契約に替えていました。

「え？　僕はもう年金はもらえないの？」

と驚くAさんに、私は言いました。

「以前の保険なら、七十歳まで長生きすれば確実に一千万円以上を手にできました。しかし、今の保険は長生きしても、入院や手術がなければ一銭ももらえませんよ。でも実際、たとえ長生きしたとしても、死ぬまでに入院や手術などで一千万円も医療保険のお世話になる人なんているでしょうか？」

Ａさんは慌てて、元に戻してもらえるよう保険会社にかけ合いました。しかし、転換による不利益に関する内容を含め、詳しい説明を十分に理解したという書類に自署・押印があったため、Ａさんの訴えは聞き入れてもらえませんでした。

結局、解約ということになり、三百万円前後の解約返戻金を手にして終わりとなりました。

人のいいＡさんは、

「僕がばかだった」

と言って納得していましたが、私なら許せません。

いまだに人ごとながら頭にきています。

知り合いの保険のセールスさんを助けるため？

「どのようなきっかけでこの保険に加入しましたか？」
と、お聞きすると、たいてい「知り合いの…」とか「親せきの…」保険セールスさんからという答えが返ってきます。

つまり、そこには、赤の他人から入ったわけではないので、内容は自分に合った良いものにちがいない…という先入観が少なからず存在しているわけです。

しかし、実際は残念ながらそうではありません。

現在、日本で保険を商売にしている人は（専業・兼業を問わず）、二十五万人から三十万人いるといわれています。

一般的に保険のセールスは「売ってナンボ」の厳しい世界ですから、新契約をとらなければ収入が増えないばかりか、職を失ってしまいます。

そんな厳しい就業環境の中で、ある日、

「保険の仕事を始めまして…」

と知り合いが来る時とはどういう状況のときだと思いますか？

ズバリ、成績に困っている時です。

具体的に言うと、保険月（会社からノルマをたくさんかけられている月）だとか、営業のランクや仕事の継続をめぐる査定を迎える時期ということになります。

そんな非常事態のときに、まず自己紹介から始めなければならない、赤の他人のところにセールスにいっている暇はありません。少なくとも、前から知っていて保険の話を聞いてくれそうなあなたのところに行くのです。

保険のセールスさんってヒドイ？

セールスさんの危機的状況が目に浮かぶような保険証券を目にして、「こんな下取り（転換）契約を知り合いに勧めて、良心が痛まないのか？」と、私は以前考えていました。

しかし、よくよく調べてみると、保険会社のセールスさんに予定利率など大きな視点での知識が、そもそもないことに気づきました。

「お宝保険」に気づいていないのは、契約者だけではなかったのです。

特に、保険の仕事を始めたばかりの方は、販売資格を得るための法律知識や、今、会社が最も売りたい利幅の大きい新商品については一生懸命勉強させられます。これは、新契約を獲得するためだけに会社が施す教育です。

実際、新人セールスさんにとっては、担当のお客さまに先輩たちが契約した保険を続けてもらっても何のメリットもありません。

第一、新発売の保険の知識、それも有利な点を強調された教育しか受けていないわけですから、

「今の保険を下取り（転換）して、新発売の保険に替えますと、こんないいことが…」

と、なんの躊躇《ちゅうちょ》もメンタルブロックもなく言えてしまうのです。

悪気はないのかもしれませんが、それでいいのでしょうか？

保険会社としてはそれでいいのです。だって、もうかりますから。

気づきましたか？　保険会社の採用のしくみ

保険の仕事を続けていると、遅かれ早かれ行き詰まる時があります。

実際、一、二年の間で、二十五万人から三十万人の保険セールスさんの半数が仕事を辞め（辞めさせられ）、そっくり新人セールスに入れ替わるそうです。

そのほうが保険会社も都合がいいのです。

なぜなら、保険セールスの一員になってある程度教育を受けたら、どんなに営業に向いていない人だって、少なくとも「自分自身」「ご主人（奥さま）」「子ども」「親・兄弟や近い親せき、友達」などの身内契約くらいはするでしょう。

自分と自分の周りの保険を契約した後、その次のセールス先に困り、営業姿勢やメンタルブロックに悩むような人は辞めてもらった方がいい。次々と新人セールスを雇って、今度はその新人にどんどん身内契約してもらったほうが、断然効率がいいからです。

長く保険セールスを続けている人の中には、自分で地道な保険営業をするより、職探し中の人をどんどん保険セールスに勧誘して部下として採用し、どんどん身内契約をしてもらうタイプの方もいらっしゃいます。

保険セールスは新契約だけでなく、採用というおいしい道もあるのです。

義理と人情とプレゼント G・N・P販売

キビしいことをいっている私も実は、義理と人情にかなり弱いタイプ。

郵便局にお勤めの知り合いが、

「暑中見舞いのハガキを買ってほしい」

とくれば、余計な枚数を買い、スーパーに勤める友人が、

「お正月の新巻きザケのノルマがある」

と言ってくればサケを何尾も買い、昔の同僚が、

「定期預金のキャンペーンで大変」

とドーナツを持ってくれば、わずかな預金を下ろして協力してしまいます。

でも、さすがに内容のわからない高額の買い物を義理ではしません。

ところが、生命保険の世界では一千万円以上の買い物の多くが、G・N・P（義理と人情とプレゼント）販売で成立しています。

かけがえのない健康や命にかかわる問題ですから、生命保険は「あなたが来たから、ひとつお付き合い…」してはいけない高額商品なのです。

若いうちに保険に入ると得なのか

学校を卒業して会社に入ると保険のセールスレディーさんたちがやってきて、

「社会人になったら保険のひとつくらい入ってなくちゃ。若いうちに入っておくと得ですよ。保険料もお安いし…」

なんて話になります。

そんなこんなで独身の社会人の方が、二、三千万円の死亡保障の保険に加入している保険証券をよく目にします。一人暮らしで扶養者もなく、もしその方が万が一亡くなっても誰も経済的に困らないのに…。

それでも、社会人として…とか、今まで育ててくれた両親のため…という加入理由もわからないでもありませんが、入院や手術のときの医療保障に関しては、独身の若い方だって心配な人もいるでしょう。確かに健康でないと加入できないので、その点では若いうちがいいかもしれません。

本当に「若いうちの加入が有利な」保険に入ったのか？　ということが問題なのです。

見せていただく若い方の保険証券のほとんどが更新型といって、十年後や十五年後には、そのときの年齢で保険料が値上がりするタイプ。加入時の保険料がずっと続くのであれば確かに得といえますが、年齢によって値上がりするなら、若くして加入したメリットはありません。

また、必要とも思えない死亡保障のほとんどは掛け捨てで、お金はたまっていません。その分、貯蓄していれば、結婚資金や住宅購入の頭金になったかもしれないというのに…。

貯金代わりに保険に入る？

お子さんが独立された五十代、六十代の女性の加入が多い、貯金代わりの「養老保険」。十年満期とか二十年満期で、満期金をもらって終わりというタイプです。

貯金代わりという割には貯金にはなっていません。やはり予定利率の影響で、自分が支払った保険料より多くの満期金を手にすることは難しいのが現状です。もはや、バブル時の一時払い養老保険の亡霊を探しても見つからないのです。

「貯金はできないが、保険ならきちんと払うから」という自動貯蓄マシンの機能を求める人は仕方ないと思います。しかし、満期金に対してあまりに多くの保険料を払うタイプでないように、気をつけた方がいいでしょう。

問題は、保障が終わるという点です。そして、満期間近で相談に来られ

て、

「もうすぐ保険の満期がきてしまいます。入院や手術した時の医療保険がなくなるのは困るので、どうしたらよいでしょう？」

とおっしゃる。

この時点で、保険に加入できる健康な体があれば良いですが、そんな方ばかりではないのが現実なのです。

ママの代わりのお手伝いさんを雇うため？

「なんでこんなにたくさんの死亡保障を準備しているのですか？」

子育て中の専業主婦の方にお尋ねすることがあります。

そうすると、

「私に万が一のことがあったら、この子たちの面倒や炊事や掃除、洗濯、身の回りの世話とか…大変でしょう？　主人は何もできない人だし、お手伝いさんやクリーニング代とか大変な金額になるからと、保険屋さんに勧められましたけど…」

との返答。

確かに、子育てや家事のためにお手伝いさんを雇い、洗濯をすべてクリーニングに出したら大変な金額でしょう。仮に月二十万円かかるとしたら十年で二千四百万円、十五年で三千六百万円…。でも実際、奥さまに万一のとき、本当にお金で解決しようとするでしょうか？

子育てをするとか、家族の健康を考えて食事をつくるとか、細かな身の回りの世話とか…。そういったママの愛情をもってしかできないことに、お金で備えても仕方ないのではないでしょうか?

私の知る限りでは、お母さんが亡くなってから、ずっとお手伝いさんを雇っているお宅はありません。

結局、血のつながった身内が協力しあっているようです。

かわいい子どもや孫の未来のために

子どもが生まれると、どこから聞いてきたのか保険のセールスさんがやってきます。

「おめでとうございます！　あ〜らかわいいこと！　大切なお子さんの未来のために、今から少しずつでも学資保険で準備しませんか？　教育費はかなりかかるといわれていますよ」

なーんて。

子どもの少ない今、新しい命の誕生は大きな喜びであり、親も親族も超ハイテンションな時ですから、

「カワイイお孫さんのために、ひとつ…」

なんて言われたらおじいちゃん、おばあちゃんはイチコロです。

心から子どもの明るい将来を願い、そのために少しでも役に立てばと生活費を切り詰め、少ない年金の一部を積み立てて、入学時のお祝い金や卒

業時の満期金をためる…それが、学資保険・こども保険です。

そんなけなげな親心・爺婆《じじばば》心は、報われるのでしょうか？

平成十一年以降、学資を蓄える目的の学資保険・こども保険は、軒並み元本割れ。それも、八割九割当たり前です。予定利率の影響ももちろんですが、原因はほかにもあります。

「子どもが亡くなった場合は、○歳時は○千万円」といった、子どもの死亡保障が特約や特則として付けられているからなのです。

不幸にも子どもが亡くなって大金を必要とする親などいるのでしょうか？　悲しみに打ちのめされるでしょうが、お金はかからなくなるのが現実です。

学資の準備と勧誘するなら、その目的を果たすものであってほしいものです。

子どもに迷惑な保険

「就職した子どもがいらないというので、今まで掛けてきた子どもの生命保険をどうしようかと思って…。担当の方は、せっかくここまで続けてきたのに解約は損だと言うし」

これまた、よくある相談です。

そこで、保険証券を見せていただくと、

〈これは、私が子どもでもいらないと言うなぁ〉

という内容なのです。

たいていは掛け捨ての部分が多く、お金はたまっていない。つまり、死ななければ何のメリットもない保険が多いのです。やっと独り立ちした新社会人の息子さんや娘さんは、

「自分が死んだら…」

なんてことは考えていないし、そもそも必要がない。決して多くないお

給料で、生活や遊びをどのようにやりくりするかが先決だからです。

だから、「いらない」のです。

これが貯金だったとしたら、「いらない」という子どもはいないでしょう。

そこで、解約しようとすると、これまで払った保険料に対し解約返戻金はスズメの涙。担当のセールスも「もったいない」と言うしかないのです。

だからといって、もらい手のない保険をこのまま続けるなんてナンセンス。

やはり、そもそも子どもに必要ない迷惑な保険は、入ってはいけないのです。

がん、脳卒中、心筋梗塞…も心配

病気や災害で亡くなった場合に保険金が支払われる死亡保障に対し、死んではいないが、大変な状態のときに先に支払われる保険があります。

三大疾病保障保険とか三大疾病保障特約といったものです。

三大疾病とは、がん、脳卒中、心筋梗塞《こうそく》のことで、実に日本人死亡原因の五割を占めています。つまり、高齢期に危険度が高くなるため、年を重ねるほどに役立つ保障といえます。

しかし、このタイプの保障は終身保障より定期保障の形が多く、更新の時期が来て、保険料の値上がりを抑えるために、真っ先に削られている例をよく見ます。つまり、保険料の安い、危険度の少ない若い時に準備して、本当に必要な高齢期にやめるなんて…。保険会社をもうけさせる以外、何の意味があるのでしょうか?

またこうした保険は、残念ながら支払われにくい保険の代表選手といわ

れています。
「がん」は、悪性新生物と診断されたら給付されますが、いわゆる初期がんは保障されません。また、「脳卒中」、「心筋梗塞」は診断だけでは足りず、それらの病気になった後、「六十日以上の労働制限」というあいまいな要件をクリアしなければ保険金が下りてきません。

倒れて、すぐに病院に運ばれて手術してリハビリに励み、右半身にほんの少し後遺症が出た…程度では、支払われないのです!
そこまで理解して加入していればいいのですが、そうでない場合が多いようです。

テレビCMにあおられて

もし、あなたが一日中家にいてテレビをつけていたら、幾度となく保険の勧誘にあってしまいます。

「もし入院したら、一日の自己負担は○万円もかかります」とか、「今なら一日たった○円で、こんなにたくさんの保障があります」とか、「もう保険が切れてしまったあなたも○歳まで加入できます」とか、「現在、ご病気をお持ちのあなたもあきらめないでください」とか…

これでもか、これでもか、と繰り返し不安をあおられて、つい資料請求して加入してしまった方も少なくないでしょう。

でも、あれだけCMにお金をかけても元が取れる保険って、本当に契約者の役に立つものなのでしょうか?

たった二十秒か三十秒のCMの間に、その保険のメリットを印象付けなければなりません。いかに安くて、保障がすばらしいかを…。

そうしなければ、そもそも契約につながる資料請求をしてもらえないからです。

「今は安いですが、五年ごとにどんどん値上がりします」とか、「誰でも入れますが、給付にはいろいろな条件があります」なんて、説明していたら誰も資料請求してくれません。

ＣＭでは言えなかったデメリットは、請求した資料に細かく書いてあります。それらをきちんと読んで理解した上で、加入してください。誰からも説明や勧誘を受けない通信販売の保険は、まさに自己責任です。

第二章

そもそも死亡保険に入るべきか？

莫大な生命保険金を手にした家族は幸せになったか？

ある日、ご主人が亡くなった…。万が一のときが来てしまったお宅の例があります。

Bさんは五十九歳、定年間近のサラリーマンでした。息子さんたちが大学を卒業して独立した後は、ご夫婦二人で住宅ローン完済を目標にがんばっていた矢先の事故でした。不幸にして通勤中の交通事故で亡くなり、遺族は災害死亡保険金一億円を手にすることとなりました。

その遺族は幸せになったと思いますか？

遺族は、パートに精を出していた奥さまと、社会人となって間もない別居の息子さん二人の合計三人。遺産分割でかなりもめてしまい、いわゆる「争族」となってしまいました。

生命保険金のほかにも、死亡退職金と災害見舞金（約二千万円）が会社から入り、住宅ローンの残債は団体信用生命加入により完済。奥さまが受け取る遺族年金も、労災での死亡なので通常より多くなります。

遺産分割後。

多額の遺産と遺族年金を受け取り、退職金で払うはずの住宅ローンは返済不要となった奥さまはパートを辞め、その後良いうわさは聞きませんでした。息子さんたちや親類と疎遠になり、変な男性が出入りしていると
か、投資に失敗したとか…。

もっと問題だったのは息子さんたちです。

二人とも会社を辞めてしまい、なかなか次の就職が決まらなかったと聞きます。上司や先輩にしかられながら安月給でやりくりしていた新社会人にとって、多額の遺産は就業の意欲さえ失わせたようです。

亡くなったBさんは、こんな結果は絶対に望んでいなかったはずです。

もし、葬式代程度の生命保険しかなかったら…。「争族」などにならず、残された家族は助け合っていったかもしれません。

あなたが逝ったとき、誰が困るか

もし、あなたが逝ってしまったとき、小さなお子さんを抱えた奥さまが住むところに困ったり、日々の生活が立ち行かなくなったり、残された借金で苦しむようなことがあっては大変です。

あるいは、あなたが逝ってしまったことで、子どもさんが希望する進路を歩めないような事態になったり、高齢のお父さまやお母さまが生活に行き詰まるようなことは耐え難いでしょう。

誰かが困るから生命保険に加入しているのですよね?

つまり、死亡という事実により生じる経済的不利益を補う目的で、死亡保障を準備しているということになります。

これは極めてシンプルな目的です。しかし、実際はこの極めてシンプルな目的が理解されていません。

子どもが亡くなったとき、遺族は悲しみに打ちのめされると思いますが、お金には困りません。独身貴族のＯＬが亡くなったときも、困る人はいないでしょう。

高齢で一人暮らしの方が亡くなったときは、お葬式代があればいいですよね。

たくさんお金を残すことで、かえって問題が起きてしまいます。

必要ない死亡保障にお金をかけるくらいなら、生きていくことで必ず必要になる進学の費用や結婚資金や住宅資金を準備することのほうが重要です。また、争いの元となるお金を残すくらいなら、一度しかない人生を楽しむことに使ったほうがいいのではないでしょうか？

あなたが苦労して払っているその生命保険。亡くなった時、本当に誰かが必要とするお金ですか？

死ななきゃかなわぬ夢なんて!

最近、保険募集にパソコンを持ち込み、

「もし、ご主人が亡くなった場合、余裕ある生活を送るには、インフレ率を加味すると〇十年間で〇千万円は必要です」とか、

「もし、お子さま二人が理系の私立大学や大学院に進学を希望される場合、総額〇千万円は必要ですね」

とか、もっともらしい高額な必要保障額を提案され、それに見合う高額な保険の契約をさせられている例を見かけます。

子どもの進路に合わせてお父さんの収入が増えるなんてことはありませんよね?

無事に人生を送った場合、お子さん二人を理系の私立大学や大学院で学ばせることになったら、教育ローンや奨学金を利用してもかなり苦しいのではないでしょうか。

そんなとき、

「もし死亡保険金が入れば、子どもの希望をかなえられる…」

なんて変ですよね？

また現在、余裕のある生活でない場合、ご主人が亡くなった方がリッチになるとしたら、なんだか殺伐とした空気が流れそうで怖いです。（笑）

結局、生命保険の契約をなりわいとする他人に、適正な保障金額を提案してもらうのは、私はかなり難しいと感じています。

家族は路頭に迷うのか

「僕が死んだら、家族が路頭に迷ってしまう…」

そんな家族を大切に思う心、愛のかたちが生命保険かもしれません。

でも実際に、ご主人が亡くなったとき生命保険に入っていなかったら、家族は本当に「路頭に迷う」のでしょうか？

こんな話があります。

情報技術（ＩＴ）企業に勤めるＣさんは、いわゆる「宵越しの金は持たない」タイプ。収入は多い方だが貯金はなく、さらに保険は大嫌い。三年前にタワーマンションを購入したときも、ほとんど頭金なしでローンを組みました。

ところが、日ごろからの不養生がたたり、気がついたときはかなりがんが進行しており、あまりにもあっけなく最期を迎えてしまいました。

さて、残された奥さんとお子さんは路頭に迷ったかというと…。

保険嫌いのCさんでしたが、給与天引きで系列のグループ共済に一口加入（入社時にほぼ強制）しており、会社の福利厚生制度からの上乗せもあったため、葬式代に困ることはありませんでした。

また、Cさんの遺族年金は月十七万円くらいになり、タワーマンションのローンは死亡により返済不要となって、売却すると三千五百万円の現金になりました。やがて奥さんはお子さんを連れて実家にもどり、美容師の資格を生かして元気に働いています。

わかっていたかどうかは定かではありませんが、Cさんは自分で生命保険に入らなくても、結果的に十分な準備があったということになります。

Cさんほどではなくても、すでに用意されている備えを知っていれば、無駄な保険料をかけなくても済みそうです。次項からは、知っておきたいその準備済みの資金についての基本をお話しします。

私たちはすでに守られている「遺族年金」

公的年金について、私たちは老後の生活費の準備ととらえることが多いように感じます。そのため、

「いつからいくらもらえるのか？」とか、

「払った分を将来取り戻せるだろうか？　損するのではないか？」

などという議論に終始してしまいがちです。

しかし、公的年金の役割は老後の年金ばかりではありません。重い障害を負ってしまったときの障害年金や、大黒柱が亡くなってしまったときの遺族年金といった役割も担っています。

特に、ご主人の生命保険の死亡保障を考えるとき、遺族年金の知識は欠かせません。左の表で、加入している制度は何で、いくらくらいの遺族年金が、いつまで準備されているのか確認し、死亡保障を準備する上での基礎部分ととらえて考えていきましょう。

遺族年金支給額のおおよその目安

平均標準報酬月額　30万円の場合　（子…18歳の３月まで）

自営業							
遺族基礎年金							
妻のみ		妻と子１人		妻と子２人		妻と子３人	
年額	月額	年額	月額	年額	月額	年額	月額
0円	0円	102万円	8.5万円	125万円	10万円	132万円	11万円

サラリーマン							
遺族基礎年金　＋　遺族厚生年金							
妻のみ		妻と子１人		妻と子２人		妻と子３人	
年額	月額	年額	月額	年額	月額	年額	月額
47万円	4万円	149万円	12.5万円	172万円	14万円	180万円	15万円

公務員							
遺族基礎年金　＋　遺族共済年金							
妻のみ		妻と子１人		妻と子２人		妻と子３人	
年額	月額	年額	月額	年額	月額	年額	月額
56万円	4.5円	159万円	13万円	181万円	15万円	189万円	15.5万円

住宅ローンのある私たちは守られている「団体信用生命保険」

人生で一番大きな買い物といわれるマイホームの購入には、大抵住宅ローンを組むことになります。頭金や贈与などはそれぞれの事情ですが、数千万円の借り入れで、返済期間も二、三十年の長期にわたるのが一般的でしょう。

その間、何事もなく約束どおり返済できればいいのですが、長い人生何があるかわかりません。

「主人が不慮の事故で亡くなり、返済できません…」

なんてことがないよう、貸す側の金融機関もリスクに備えています。

それが、いわゆる「だんしん」と呼ばれる「団体信用生命保険」です。

こちらに加入していることで、本人が死亡または高度障害を負った場合、保険から残りのローンを弁済してもらえるしくみです。前述のBさんやCさんの例でわかるように、遺族はローンなしの住まいを手に入れることができます。

　これまで生命保険で住まいの備えをしてきた人は、住宅ローンを組んで「団体信用生命保険」に加入したことで、絶好の死亡保障見直し時を迎えるわけです。見直しで節約できた保険料を繰り上げ返済などに回すことで、完済を近づけることだってできるかもしれません。

　しかし、銀行から住宅ローンの融資を受けている人は、「団体信用生命保険」に加入している認識がうすい傾向にあります。この保険の保険料は、初めからローン金利に上乗せされているため、改めて保険料を払う必要がないことが原因でしょう。

　知らないばっかりに、「ローンを抱えて責任が重くなった」と、自分の生命保険に上乗せを考える方さえいるようです。

貯金のつもりが私たちは守られている「学資保険・こども保険」

「お子さまの教育資金をためましょう」

と、勧誘される割には、最近の学資保険・こども保険は元本割れが多い、と第一章で書きました。

それでも私は月々貯金するのではなく、わが子の学資保険に加入しています。

なぜかというと、この保険には貯金にはない仕組みがあるからです。

月々銀行に預金する方法をとれば、元本割れはありえません。しかし、簡単に下ろしてほかの用途に使えますし、きちんと積めるかは本人次第です。さらに一番困るのは、不幸にして大黒柱が亡くなった後も、毎月預金を続けなければ教育資金を準備できないことです。

その点、学資保険・こども保険は、契約者の死亡や高度障害のとき、それ以降の保険料の払い込みは免除となり、契約通りのお祝い金や満期金を受け取ることができます。

また、契約内容によっては払い込みが免除になるばかりではなく、残りの保険期間中、毎年、養育年金を受けとることができるタイプもあります。この場合、総額では一千万円以上の受け取りになる可能性があります。

これはもう立派な死亡保障です。

仮に、子ども全員が学資保険に加入しているのであれば、教育資金の一部は既に保険で準備済みであり、ご主人の死亡保障から差し引いて考えるべきです。

そのため、保険料が少し安いからといって、

「学資保険の契約者は年下の私に…」

なんて、専業主婦の奥さまを契約者にしてはいけないのです。

大黒柱のご主人が亡くなったあとも元本割れの学資保険をかけ続けなければならない状況は、絶対に避けなければなりません。

（お薦めの学資保険・子供保険の加入方法は１８４ページ）

ほかにも準備済みの保障はある　「会社の福利厚生・退職金など」

あまり意識していない場合でも、いつの間にか勤務先の関係で保障が準備されている場合も少なくありません。代表的な例を挙げてみましょう。

〈会社の福利厚生制度〉

会社が保険料を支払い、死亡退職金や弔慰金などの準備のため、従業員全員が総合福祉団体定期保険や養老保険に加入していることがあります。その内容は、会社の総務に確認すればわかりますが、受取人が会社になっている場合、遺族にいくら支払うかは会社の規定によります。この機会に、勤務先の退職金制度がどうなっているか調べて、準備済みの資金を把握しましょう。

〈給与天引きの団体保険〉

勤務先経由で割安な団体保険料を支払い、保険に加入していることもよくあります。例としては、従業員が会社を通じて任意に契約するいわゆるＢグループ保険や公務員によくみられる団体共済などが挙げられます。入社時に、系列グループの団体保険の基本コースに有無を言わせず加入させられることや、ＯＢの天下り先に〇〇共済などの団体があり、上司から加入を勧められることもあります。

いずれにしても、保険料の負担感はなく、保障の存在さえ忘れがちです。しかし、調べてみると数百万から一千万円以上の死亡保障であることが珍しくありません。

「無駄な保険料は払わない」という観点から、これらの準備済みの内容を知らないままにしておく手はありません。

「万が一」はあまりない

「万が一の場合…」

保険の世界ではよく聞く言葉で、要するに「死ぬ」ということですが、「万が一…」と言うだけあって、そうそうあることではありません。

資料として簡易生命表から見ても、六十五歳以上まで生きる人は、男性で86％、女性で93％です。この統計は全日本人の数字ですから、生まれながらに障害のある人も、持病を持って生まれた人もすべて含まれています。言葉を選ばずに言えば、保険に入れる健康な人だけに対象を絞れば、間違いなく数字はもっと上でしょう。

その証拠に、勤労世帯の世帯主が加入している平均死亡保険金額は二千三百二十二万円ですが、実際に受け取っている平均保険金額は、たった百七十六万円というデータがあります。

つまり、二千三百二十二万円の死亡保障があった六十五歳までに亡くな

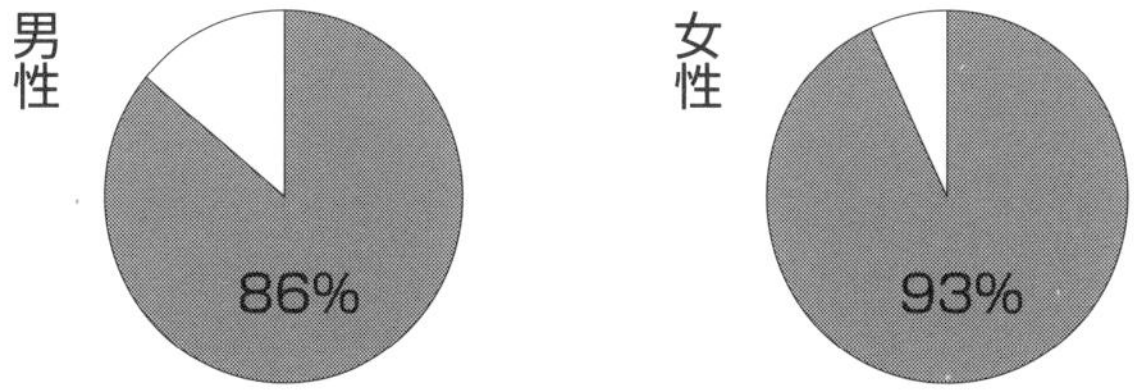
男性
86%
女性
93%

65歳まで生きる人の割合
（資料:「簡易生命表」平成17年）

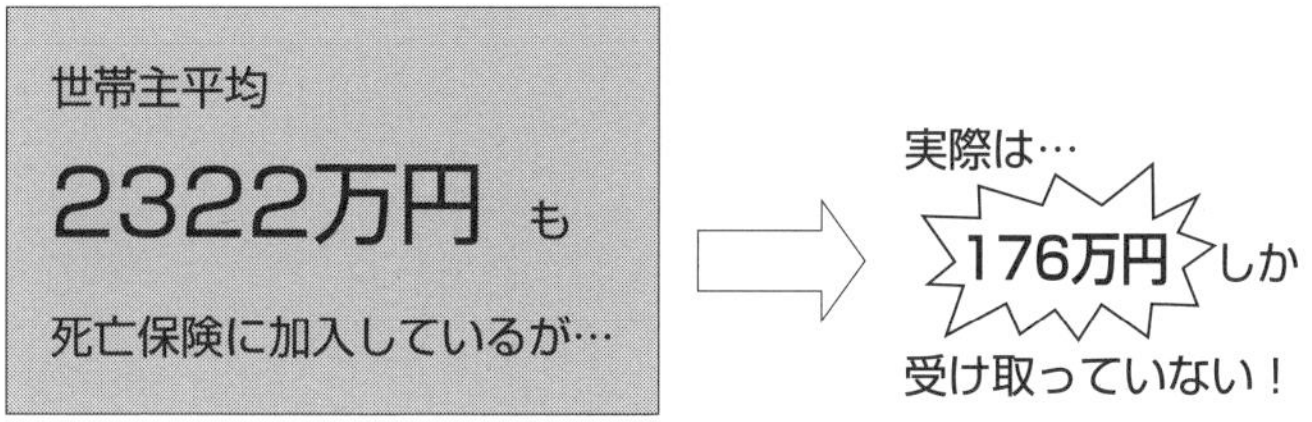
世帯主平均
2322万円 も
死亡保険に加入しているが…
実際は…
176万円 しか
受け取っていない！

（資料:生命保険文化センター「生命保険に関する全国実態調査」平成15年）

る人はほとんどおらず、死亡保障が百万円や二百万円になった高齢時に死んでいるということです。

ほとんどない「万が一」ですから、そのときが来ても大丈夫にしておかなければなりません。

しかし、「万が一」がなく、無事に過ごせた場合でも、

「これだけのコストをかけたことに自分は納得している」

と言えるように、自分の保険をコントロールしてほしいと思います。

第三章

そもそも医療保険に入るべきか？

治療費が月百万円かかっても…「高額療養費」

「入院した場合、一日の平均自己負担額は一万五千二百円…」テレビのコマーシャルから流れてくるせりふに、私たちはつい不安を感じてしまいます。

この計算でいくと一カ月入院したら四十五万円以上、三カ月入院したら百四十万円近く払うことになってしまいます。

長期入院となったら、その費用を考えると死にたくなるかもしれません。(汗)

本当にそんなにお金がかかるのでしょうか?

私たちは、国民健康保険や勤務先の健康保険や健保組合など、どこかの公的健康保険に入っています。そのため、一般的な自己負担は三割です。いくらかかっても、その三割を払わねばならないかというと、上限があります。

高額療養費
バーッ
ひかえおろう〜

仮に、その自己負担がひと月に百万円かかったときでも、「高額療養費」に該当するので、実際に窓口で支払うのは八万七千円ちょっとです。さらに、「高額療養費」に該当する月が一年以内に三カ月以上あったら、四カ月目からひと月の上限額は四万四千円ほどとなります。

また、低所得者や七十歳以上の高齢者のいる世帯は、もっと少ない限度額になっています。

冒頭の「一万五千二百円」は一日当たりの額なので、高額療養費は考慮していません。また、個室などを希望した場合の「差額ベッド代」や家族や付き添いの交通費、お見舞い返しなどが含まれています。

むやみに不安を感じ、医療保険の資料を集めまくる必要はないのです。

私たちはけっこう守られている…「公的医療保険」

この機会に、私たちにすでに準備されている公的な給付について調べてみましょう。

「国民皆保険」ということで、私たちは公的医療保険制度のどれかに加入しています。これは、加入者やその家族が医療のサービスを受けるときに、治療費などを公的機関で負担して助け合うという制度です。

自営業の方は国民健康保険、勤務の方やその家族は健康保険、七十五歳以上は後期高齢者医療制度の加入者となります。

基本的に、お医者さんにかかったときの窓口負担は、

・義務教育就学前……………二割
・義務教育就学後七十歳未満……………三割
・七十歳〜七十四歳……………二割（現役並み所得者は三割）
・七十五歳以上……………一割（現役並み所得者は三割）

となっています（平成二十年四月施行、経過措置あり）。

訪問看護で診療を受けたときや、入院したときの食事療養も基本負担額が決められていますし、緊急のときの移送費や先進医療や選定医療の基礎部分にも給付があります。

また、出産や死亡のときの一時金の給付もあります。

前述の「高額療養費」はどの制度でもありますが、次に紹介する「傷病手当金」や、出産で仕事を休んだときの「出産手当金」は健康保険だけの制度です。

こうしてみると、けっこう守られているものですね。

会社を長く休んだら…「傷病手当金」

病気で入院したら、会社に行くことができません。

数日であれば、有給休暇などで収入に影響は出ないかもしれませんが、数カ月にわたる長期入院になった場合、給料なしでは困ります。

「そんなときの収入補償のために医療保険に入っている」

という人もいるでしょう。

では実際、体調を崩して長く会社を休んだらどうなるのでしょうか？

勤務先で加入している健康保険に、

「傷病手当金」

という制度があります。

これは、けがや病気で続けて三日以上休んで給料が支給されないとき、四日目から一日の賃金の三分の二を受けとれるシステムです。

この制度は生保の医療保険とは異なり、退院して家で寝ていても給付がありますし、一年六カ月もの長期間にわたり給付を受けることができます。さらに、健保組合によっては、独自の上乗せ給付を行っているところもあります。

会社員ならではの賃金一部補償システム。知らないでおく手はないでしょう。

小さい子どもの医療費はかかるか　「自治体の取り組み」

「ウチの一歳と三歳の子どもの医療保険は何がいいでしょう?」

こんなご質問もよくあります。

確かに、お子さんの中には、子ども特有のぜんそくやウイルス性の病気などで、入院しなければならない場合も少なくありません。そのため、少しでも割安な子どもの医療保険を探したくなる気持ちも、わからないではないのですが、

「ちょっと待って」

と言いたいのです。

多くの場合、小さなお子さんが病気やけがで通院や入院したときは、お住まいの自治体独自の医療費助成があるはずです。

助成の対象となるお子さんの年齢も助成額も、自治体によって大きく違います。その例としては、ゼロ歳から就学前まで外来一回当たり五百三十

円、入院は一日千二百円など、自己負担の上限を決めているケースが多いようです。

東京都の場合は中学校卒業まで医療費は無料。これはすごいですね。

このように考えると、子どもの医療費はそうかからないという結論になります。さらに、お母さんが専業主婦であれば、付き添いによる経済的損失もそう多くはないことになります。

このように、お住まいの地区の助成制度を確認した上で、医療保険を考えるのが賢い選択の手順ではないでしょうか。

重度の障害が残ったら？　「障害年金」

「年金」の話になると特に若い世代からは、

「あてにならないから、僕、払っていません」

という答えが、よく返ってきます。

しかし、スノーボードのシーズンになると、毎年何人かが大けがで病院に運ばれています。中には、カッコいいジャンプを決めそこね、脊椎《せきつい》損傷で一生車いす生活という若者もいるそうです。

そうすると、老後の年金など「あてにならない」と国民年金保険料を払っていなかったフリーターは、重い障害状態になっても年間百万円近い「第1級障害基礎年金」を受け取ることができないことになります。

ちなみに勤め人の方は、通常、給与天引きで厚生年金保険料や共済の掛け金を払っていますので、障害年金の対象と認められる範囲も広く、上乗せの給付もあります。

障害年金は、その状態が続くかぎり一生もらうことができます。重い障害状態の場合、ほとんど付きっきりの介護が必要なわけですから、年金が全くもらえないということは考えたくない最悪の事態です。子どもさんの国民年金保険料が負担ならば「学生納付特例」や「若年者納付猶予制度」の手続きをすることで未納を防ぐことが可能です。

国民年金保険料を払っていないフリーターのお子さんに、「車の運転も始めて心配だから、何かいい保険は？」と探すのは、本末転倒なのです。

病気でも保険に入りたい？

・健康な体を持っている
・保険料を払えるだけのお金を持っている

以前はこの条件を満たさないと、医療保険に加入することができませんでした。しかし、最近は健康でなくても入れる医療保険が続々と発売されています。

大きく分けると「誰でも入れるタイプ」と「一定の持病があっても入れるタイプ」があります。

このうち「誰でも入れるタイプ」は告知の必要がない無選択型ですが、入院や手術のとき、必ず給付金をもらえるとは限りません。持病に関しては保障に条件がありますし、「発病の原因は何か？」「加入後、一定期間経過しているか？」など、制約がたくさんあります。

また、保険料が通常よりかなり高く、更新により保険料が値上がりしていくケースが多いので注意が必要です。

従って、まずは「一定の持病があっても入れるタイプ」から加入できるか検討するべきでしょう。このタイプは引受基準緩和型といわれ、ここ数年は入院していないなどの条件をクリアすれば加入できます。こちらは持病も保障されますが、保障内容は手厚いとは言えず、加入期間によって給付金の削減もあります。そして、保険料もやはり高いという印象を受けます。

どうしても医療保険に入りたいですか？

七十歳以上になれば、医療費の自己負担も減ります。実際、自分が払った保険料よりたくさんの給付金をもらうケースは、医療保険ではまれです。

「この保険料、ためていればひと財産だった」

そんな後悔をしないようにしてほしいと願うばかりです。

自宅で寝ていても入院保険はもらえない

「俺は入院すると一日一万円だ」

「がんのときは一万五千円もらえる」

入院病棟の休憩室で、よく耳にする会話です。

テレビコマーシャルの影響もあり、一日当たりの入院給付金の額が気になる人も多いようです。しかし、入院保険はあくまでも入院していなければもらえません。早々に退院して、自宅療養していては意味がありません。

日本は入院期間が長い国だといわれています。出産ひとつとっても、日本は六日間以上、帝王切開で長い方になると二週間は入院しますが、欧米では、これよりぐっと短いと聞いています。

欧米の考え方は、

「手術が終われば、どこで寝ていても同じ」

なので、入院が長いと治療費がかさみ、病院としての評価も下がるため早めに退院させるのだそうです。

最近では日本でも、その傾向が顕著に現れてきています。また実際、医療の発達により平均入院日数は減ってきています。

先日、知人の管理栄養士さんから聞いた話ですが、入院患者の食事メニューは二週間でワンサイクルだそうです。つまり二週間以上入院して、同じメニューを食べる人は少ないというわけです。

こうなると、一日の入院給付金額だけにこだわってみても、意味がないかもしれません。次ページ以降で、もう少し考えてみたいと思います。

今後の医療体制・社会保障はどうなっていくのか？

長寿国日本は今後、世界で類を見ない高齢化社会を迎えます。「死なない」ということは「元気で長生き」とはかぎりません。医療の発達により、「死なない」けれど「病気とともに生かされる」という可能性も高そうです。

しかも、少子化で労働力人口が減っているため、高齢者人口に比例して病院のベッド数を増やすことなどできません。介護施設も同じです。入院日数は、間違いなく短くなっていくでしょう。それに伴い通院は増えていくと思いますが、情報技術（ＩＴ）のインフラ整備で、実際に病院に出向かなくても、在宅で医師の指導を受けられるかもしれませんね。

一方、社会保障はどうなるでしょう？　こちらの少子高齢化の影響は、かなり大きいと思います。

現在、私たちの医療費は自己負担三割が基本ですが、今後この負担割合が続くとは考えづらいと思います。実際、二割負担だったものが今の制度に変わるまで、それほど時間がかかっていません。

これからは自己負担割合が増え、負担する年齢層や所得層が広がっていくことは避けられないでしょう。

入院日数は短くなるけれど、家計の医療費負担は増える…。無駄な保険料ばかり払って、ひと財産失っている場合ではないのです。

やっぱり長生きしてしまう

「長生きはしたくはないといいながら　酒もたばこもやめて　医者通い」

綾小路きみまろさんでしたっけ？　爆笑です。

男性は七十八歳、女性は八十五歳という平均寿命からすると、

「自分はあと何年？」

なんて考えてしまいがちですが、「平均寿命」というのは「ゼロ歳が、平均であと何年生きるか」というものです。

従って、無事に四十年、五十年生きてきた人は、平均寿命よりもっと長生きする可能性が高いのです。

やはり、長生きしてしまいそうです。そうなると、他人の迷惑にならぬよう生きたいと思うのが人の常。

「自分が病気で入院したときに、お金の心配をさせたくない」

と思うあまり保険料負担の重い医療保険に加入して、楽しむはずだった

老後もお金に不自由し、

「結局、保険はあまり役に立たなかった…」

なんてことにならないように、バランスをとっていきたいものです。

医療保険はいつまで必要？

「死んだ時にいくらはもういいから、入院や手術の備えをしたい」

六十歳以上の相談者には、このような意向をお持ちの方がとても多いのが現実です。

子どもたちは独立したのだから大きな死亡保障はいらない。これからは、自分が弱ったときのために医療保障に重点を置きたいということです。ごもっともですよね。

ところが実際は、

「健康上の問題から、保険の見直しができない」

ことが珍しくありません。本当に残念です。

例えば、こんな方がおられました。

死亡保険金二千万円の生命保険に入っているDさんは、六十三歳。

独立して家を建てる息子さんへの資金援助のため、保険を解約して八百

万円の返戻金を手にしたい。

しかし解約すると、医療保険の特約もなくなってしまい不安でしかたがない。三年前に胃がんを患ったDさんは、新たに医療保険に入ることができなかったのです。

死亡保険は、それほど必要とされないときが来ます。しかし、医療保険は違います。年を取れば取るほど必要と感じ、さらに欲しくなるのです。

そのため私は声を大にして言いたいと思います。

「健康なうちにずっと続く医療保険を確保してください」

各駅停車は高くつく

現役時代を終え、収入が伸びる見込みがないのに、「数年ごとに保険料が値上がりしていく」更新型の医療保険に加入している方は要注意です。

保険料の値上がりに耐えられず、高齢になってから解約したのでは、加入した意味がありません。また、年を重ねてからの見直しは、健康上の問題で加入できない可能性も高くなります。

平均寿命まで生きると仮定して、

① 終身医療保険に加入する

② 十年ごとの更新型医療保険に加入する

という二つの加入方法を比較してみました。

結果は、①の方が保険料支払の総額が少なくて済みます。年齢・性別にもよりますが、一・五倍から二倍も違います。

更新型は加入時の保険料は安いのですが、高齢期の値上がりが急で、資金計画が立てづらいという欠点があります。

せっかく健康なうちに医療保険に加入するのなら、あとで保険料負担に苦しまない（できれば現役時代に払い終える）、ずっと保障の続くものであってほしいと思います。

いちいち途中下車して買い直したりせずに、初めから目的地までの切符を手にしてほしいと思います。

医療保険は心の安定剤？

「自分が支払った保険料より、多くの給付金をもらうケースはまれ」と前に書きました。

それなら医療保険など入らず、ずっと自分でツモリ貯金していた方がいいのか？　ということになりますが…。

計算上はそうかもしれませんが、そうするには二つの精神力が必要だと思います。

ひとつは、健康なときに医療費用のツモリ貯金に手をつけないという精神力。

もうひとつは、病気になって困っているときの精神力。

「がんが転移を繰り返し、入院や手術のたびに貯金がどんどん減っていくのは不安でしかたなく、心細さは例えようがなかった」と書かれた手記を読んだことがありました。

実際に自分がそうなってみなくても、「耐えがたい苦しみ」は容易に想像できます。

「保険はお守り」という方がおられましたが、医療保険はある意味で、そういう考え方もできるでしょう。

実際の効能より、「心の安定剤」的な役割のほうが大きいのかもしれません。

私はがん保険に入る　そして検診する

「自分が支払った保険料より多くの給付金を受け取るケース」に、がん保険が挙げられると思います。

今現在、日本人の三人に一人ががんで亡くなっています。また、二人に一人ががんになっています。

これらのデータを前にしますと、私か夫、あるいは両方が、がんになる確率はかなり高いと考えます。

がんで亡くなる人の数は、よくニュースで耳にする交通事故死の実に三十六倍にも達しているのです。

これはもう、遺伝とか生活習慣とか言ってはいられない確率ではないでしょうか?

女性は、比較的若い年代から乳がんや子宮がんの危険にさらされています。特に乳がんは、リンパを通って転移するやっかいな病気です。とにかく、がんは早期発見が鍵を握っています。どうか女性の皆さん、忙しいと面倒がらずに「がん検診」を受けてください。

最近では医師が患者に対して、がんを告知するケースが多いと聞きますが、

「残念ながら、がんです」

と言われたとき、検診していればよかった、という後悔はしたくありません。また、がん保険に入っていない自分も想像できません。がんは治る病気になってきたとはいいますが、病魔と戦う気持ちが違ってくると思います。

それぞれの考え方でしょうが、さまざまなデータから、私はがん保険に入っています。

そして、きちんと検診を受けていきます。

第四章

まず、自分を知ろう

平均加入額や他人のデータは関係ない

「保険って、いくらくらい入っておけばいいの？」

「私の保険って、どんな保障内容でしたっけ？」

そんなふうに、他人に丸投げするのはもう終わりにしましょう。丸投げするから「カモ」になるのです。

第一、どんな保障がいつまで必要かなんて、本人だって改めて考えないとわからないのです。

ましてや、赤の他人にわかるわけがありません。

こんな意見もよく耳にします。

「サラリーマン家庭の保険の平均加入額は二千万円と本に書いてあった」と。

一口に「サラリーマン家庭」といっても、
・奥さんは働いているのか？

・子どもは何人なのか？
・住まいは持ち家か、賃貸か？
・預貯金は？　借り入れは？

などなど、それぞれのケースで大違いです。
かけがえのない自分と大切な家族のためです。
面倒がらずに考えてみましょう。

自分と家族のためだけに保険に入ると…

「おつきあい」や「とりあえず人並み」ではなく、自分本位で保険加入を検討すると、

「今までって、いったいなんだったのか？」

という声が聞こえてきます。

例えば、給与天引きの保険料を半額以下にした五十六歳の男性。

「退職前に住宅ローンを完済できそうです」

年金暮らしで生活を楽しむ余裕がなかった七十一歳の女性。

「友人に言われるままで、ばかみたいでした。これからは、動けるうちに旅行など楽しみます」

担当の保険のおばちゃんが怖かった二十六歳の男性。

「一度しかない人生で、この知識は〇百万円の節約！」

子育てに仕事に大忙しの教職員カップルの奥さま、三十三歳。

「保険が好きになりました」

さあ、あなたもこれからです。

ライフイベント表を記入してみよう

「人生、いつ何が起こるかわからない」と言いながら、「いつ何があるか、もうすでに決まっている」ことも、けっこうあります。

例えば、・子どもの入進学、卒業、就職　・住まいの新築、増改築　・住宅ローンの金利見直し、完済　・自家用車の購入、車検、買い替え　・各種ローン（マイカーローン、教育ローンなど）完済　・預貯金や金融商品の満期　・保険の更新、満期、払い込み終了　・勇退、定年退職、再就職　・老齢年金受給開始、個人年金受給開始、などなど。

これらの項目をライフイベント表に記入すると、

「この年、子どもたちがそれぞれ入学して、仕送りとローンが重なるのね」

「四十八歳で生命保険の保障がきれては困るぞ」

「年金受給までの収入の空白はどうする？」

わが家のライフイベント表

※年齢は年末時点

年	家族の年齢				家族のイベント
	パパ	ママ	太郎	花子	
2008・現在	42	37	12	8	住宅増築・ママ４月からパート
2009	43	38	13	9	太郎中学入学
2010	44	39	14	10	
2011	45	40	15	11	パパ保険更新
2012	46	41	16	12	太郎高校入学・車買い替え
2013・５年後	47	42	17	13	花子中学入学
2014	48	43	18	14	
2015	49	44	19	15	太郎大学入学（学資保険満期）
2016	50	45	20	16	花子高校入学
2017	51	46	21	17	
2018	52	47	22	18	住宅ローン金利見直し
2019	53	48	23	19	太郎就職・花子大学入学
2020	54	49	24	20	
2021	55	50	25	21	ママ養老保険満期
2022	56	51	26	22	
2023・15年後	57	52	27	23	花子就職
2024	58	53	28	24	
2025	59	54	29	25	
2026	60	55	30	26	パパ個人年金(70歳まで年80万)
2027	61	56			
2028・20年後	62	57			
2029	63	58			
2030	64	59			
2031	65	60			パパ年金受給開始
2032	66	61			
2033	67	62			
2034	68	63			
2035	69	64			
2036	70	65			
2037	・	・	・	・	
2038	・	・	・	・	
2039	・	・	・	・	
2040	・	・	・	・	

「七十歳まで続く住宅ローンって大丈夫？」などの問題点が浮き彫りになってきます。

夢を持って今後を考える

「もうすでに決まっていること」

をライフイベント表に書き出し、そのための準備の必要性を認識した後は、もう少し楽しい作業に入ります。

今度は、

「三年後、こうだったらいいなあ」

「五年後は必ずこうなりたい！」

というような夢や願望を記入してみましょう。

例えば、

「四年後はちょうど受験生がいないし、家族で海外旅行に行こう」

「趣味を生かして、二〇一〇年にはアロマテラピー教室を開きたい」

「二年後の行政書士試験合格を目指してがんばるぞ」

このように「表に記入する」ということが重要なのです。

「いつか家族でハワイに行けたらなぁ」とか「こんな資格をとりたいなぁ」と漠然と頭に思い描いている人はたくさんいます。

でも、それがいつまでたってもかなわない原因は、「実行日を決めて、書いていない」からです。

四年後の欄に「家族でハワイ」と記入すれば、

・何月に行けば総額いくらかかるのか調べよう

・月にいくら、ボーナスでいくらためれば達成できるか？

・休みは会社のリフレッシュ休暇を充てよう

などと次々に具体的になり、本当に実現します。

私は、資格も家族旅行の夢もこれでかなえました。だまされたと思って、ぜひ試してみてください。

2年後に結婚と、
4年後に1児のパパと、
10年後にハワイへ家族旅行と。
彼女いない歴28年の28歳
〈10年ダイアリ〜♡〉

リスクに備えるべき期間がわかる①　「子どもへの責任」

ライフイベント表を記入してみると、「はっきりとわかること」がいくつかあります。

例えば、お子さんたちの独立の時期がその一つ。

年齢から考えれば、いつごろ高校、大学を卒業するのか？　大学院まで行ったとしても、この年には卒業するなあ、という時期が幼いときからわかります。

それに対し、「子どもをいつまで面倒をみるつもりか」は、人それぞれだと思います。

「高校卒業までが親の責任」と思う人もいれば、「大学までは、なんとしてでも」という人もいると思いますし、「勉強したいなら、いつまでも援助を惜しまない」という親御さんもいるでしょう。

あるいは、障害のあるお子さんがいるなら、「できる限りずっと面倒をみる」ということになるのかもしれません。

それらによって、万が一の死亡に備える期間が変わってくるということです。

「子どもがみんな二十歳になるまでは、ある程度の保障がほしい」

「末の子が大学卒業までは、お金の心配をさせたくない」

「遅くなってできた子なので、いつ死んでも困らないようにしておきたい」

どれも正解ではないでしょうか。

リスクに備えるべき期間がわかる②「連れ合いへの責任」

子どもさんたちへの責任を果たしたら、次は連れ合いのために保障を準備しておくべきか、考えてみましょう。

お子さんがいない場合もそうですが、ご主人が万が一亡くなった場合、連れ合いが経済的に困るかどうかがポイントです。

私はここで、

「死んだほうが超リッチ」

にならないように注意してほしいと思っています。

なぜなら要らぬ争いが起こったりして、かえって不幸せの元になる可能性があるからです。そもそもご主人が亡くなった場合は、故人分の必要生活費が減るわけですから、生前より少し余裕あるくらいの生活が理想ではないかと考えています。

そのため、遺族年金や住宅ローンの団信生命、退職金、預貯金や借り入れなどを総合的に考え合わせ、お葬式代だけでいいのか、年金受給までか、それ以降も生活保障しなければならないか、を検討してもらいたいものです。

例えば、もし奥さまにご主人並みの経済力があれば、掛け捨てにしてまで、死亡保障を準備する必要はないのではありませんか。収入なりに生活水準が高くなっていれば別ですが…。

一方、奥さまのほうが大黒柱の場合。

日本の遺族年金は、基本的に夫を亡くした妻や子の生活保障に重点が置かれています。稼ぎ頭の奥さまを亡くした五十五歳未満のご主人には受給権がありません（遺族共済年金を除く）。

この場合は、それなりの備えが必要ということになります。

亡くなったときのことを想像してみる

非常に嫌なことですが、家族の誰かが死んだ場合を想像してみることは無駄を防ぎます。

「主人にもしものことがあったら大変なので…」

と、死亡時五千万円の生命保険を掛け、保険料の更新に苦しんでいる奥さまに想像してみることをお勧めしました。

「そんなこと考えたことがありません」とつらそうな表情の奥さまでしたが、遺族年金や団信生命、学資保険の説明を続けていくと…。

「意外と保障されているんですね。よく考えたら、主人がもしものときは、今の家には住み続けないで、子どもと実家に帰ると思います」

という答えが返ってきました。

ご実家は跡継ぎがなく、ご両親はいまでも奥さまに帰ってきてほしいと願っているそう。そうなると、いままで減らせないと思っていた五千万円は、一体なんだったのかということになります。

「保険料を節約できたことより、何だか気持ちが楽になったのがうれしい」

と、その奥さまは明るく帰っていかれました。

自分が亡くなったときは、

「親は悲しむけど、だれも困らないかも」

「事業の借金で迷惑をかけそうだ」

「葬式代があれば十分だろう」

「土地と建物の相続で争わないといいが」

のように、それぞれ生命保険との付き合い方が変わってくるはずです。

長生きしたときのことを想像してみる①

亡くなった場合と同様に、長生きした場合も想像してみましょう。

こちらの確率のほうがずっと多いと思いますが、ずいぶん先のことなので想像するのはかなり難しいと思います。

どんな老後か具体的に想像するのは不可能ですが、ひとつだけはっきり言えるのは、

「お金がないと困るだろうなあ」

ということではないでしょうか。

恐らくこれからは、少子高齢化の影響で、医療や介護の社会保障制度も現状を維持するのは難しいと思いますし、老齢年金もきっと今の水準より少ないでしょう。また、健康でいられる保障はありませんし、子どもを当てにもできません。

間違いないのは、そんな世の中の状況を踏まえ準備をしてきた方と、そ

うでない方の差が、大きく開く時代がくるということではないでしょうか。

そんな老後を予想しながら、私たちはそれまでに子どもに莫大《ばくだい》な教育費をかけて育て、長年住宅ローンを払いながら住まいの準備をしていかなければなりません。

万が一の生命保険ばかりに、無駄なお金を払っている暇はないのです。

長生きしたときのことを想像してみる②

現在、七十歳以上のほとんどの方が医療費の窓口負担は一割ですが、それでも高齢期に医療保険に入りたいと思われる方がたくさんおられます。「今の保険が終わってしまうから」という理由の人もいれば、「もっと医療保障を充実させたい」という人もいます。

今現在でも皆さんがそう思うのですから、これからさらに医療費負担が増大すると予想される超高齢化社会では、医療費問題はもっと切実かもしれません。

そんな状況で、

「ずっと続くと思っていた医療保障が切れた」

「いつか準備しようと思っていたが、健康を害して保険に入れない」

「保険料が負担で年金暮らしが苦しい」

「もうすぐ更新時期で値上がりするので、やめざるを得ない」

「付き添いをしてくれる家族に手当てできず心苦しい」
などと、高齢期に悩むことがないように今から考えていきたいもので
す。

生きていく前提で考える

データから見ると、日本全体で約90％の人が六十五歳以上まで生きることになっています。

現在、一世帯の生命保険料は平均で年間五十三万円を超えています。一年間でかなりの数の相談を受ける私の印象としては、もっと多いような気がしています。五十三万円という金額には、共済などの掛け金が含まれていないので、実際にはもっと多いのが現実かもしれません。

これを仮に三十年間払い続けるとすると、千六百万円にもなってしまいます。ほとんどの方が、万が一のためにこんなに多額のお金を費やしているわけです。

この金額は何事もなく無事に生きた場合、

「お守りがわり」

と、納得できるコストでしょうか？

家族全員の保険の目的を一つ一つ明確にし、世帯全員に重複する保障を確認して無駄のないやり方を検討すれば、掛け金はきっと減らせるはずです。

掛け捨てと割り切れば、もっと少ない負担ですむはずですし、逆に積み立て型を基本にして無事に老後を迎えたら、その保険料のほとんどを解約返戻金として手にすることだって可能です。

生きていくことを前提に、千六百万円をコントロールすることを強くお勧めします。

教育費は予測不可能

一般的に子ども一人にかかる教育費は、一千万円といわれています。しかし、私立か公立か、理系か文系か、どのような進路を選択するかによって、その額は大きく違ってきます。さらに、少子化の影響からか、教育費のインフレ率は高いので予想は困難を極めます。

それを単純に、子どもが三人だから一千万円×三で、三千万円の死亡保障をプラスととらえるのには疑問を感じます。

自分が医者だから医学部に通わせる準備をしているといっても、必ずしもそうはなりませんし、自分が高卒だから子どもも大学は行かないだろう、というものでもありません。

「子どもの望む教育を受けさせてやりたい」と願うのが親心ですが、将来子どもがどのような教育を望むのかわからないのがやっかいなところです。

そこで私は、予測不可能な教育費を基準に死亡保障を考えるのをやめました。死亡保障でいくら十分な教育費を準備していても、死ななければかなわぬ夢では困るからです。

一方、子どもの進路はわからないけれど、お父さんの今後の収入はなんとなくわかりますよね。私の場合は、今後、万が一のことがあっても生前と同じか、少し余裕のある収入を確保するための死亡保障を考えていく方針でやっています。

教育費をたくさん掛ければいいというものでもない

親御さんが一生懸命働いて生活費を切り詰めているのに、仕送り先の大学生当人が留年したり中退したりは、よくある話です。

また、安定した職業に就いてほしいと親が願い、子どもを教育学部に苦労して入れたものの、結局は子どもが先生になりたくないと言い出した。あるいは海外留学やダブルスクールと娘に巨額のお金を掛けたのに、二十歳そこそこでできちゃった結婚とか…。

子どもが幸せかどうかは別として、教育費は必ずしも支出した親にリターンを約束してくれません。その原因の一つとして、しょせん出してもらった学費は子どもにとって「他人の金」でしかないからだと思います。

私ごとで恐縮ですが、私の高校卒業後の大学進学は働きながら学ぶというものでした。過疎地の農家で兄弟も多く、親から援助はできないと言われていたのです。

そのため私は、働きながら昼間の志望校に通う方法を必死で探し、奨学金の情報を集めました。何しろ自分の稼いだお金を学費に充てるのですから、学ぶ姿勢は親掛かりの学生とは大分違ったと思います。運よく入学できて授業料免除学生となりましたが、次年度も特待生資格を得るため、授業を怠けるわけにはいきませんでした。

もし私が裕福な家庭に生まれて進学もどうぞと言われていたら、どんな怠惰な大学生活を送ったか思うと恐ろしいくらいです。

本人のやる気次第で、現在では学費の工面も探せばいろんな方法があります。親が学費を簡単に出すのでなく、奨学金などを利用することで、将来自分が返済すると思えば、勉強にも身が入るのではないかと思います。

子どもに託す時代だろうか？

多額の教育費に資金を充て、ために老後の資金準備ができず、子どもの世話になってはかえって迷惑です。そもそも、お金を掛けたからといって、子どもが老親の面倒をみてくれる時代でもありません。

そんな世の中を反映してか、最近のデータをみても大学生、大学院生の奨学生（次ページ参照）や自分で返す教育ローンは増えています。

いつまでの教育費を親の責任ととらえるかはそれぞれだと思いますが、できる範囲というものがあるように感じます。生命保険に関しての教育資金も考え方は同じです。

例えば、お父さんが亡くなった家庭で、

「父が生きていれば○○になれたはずなのに」

などと言う子どもがいるとすれば、たぶんお父さんがお元気でいても、その夢をかなえられなかったのではないかと思います。

また、お父さんに実現してもらった夢は、その先の挫折に耐えられないときがくるかもしれません。

本当に強い意志があれば、時間がかかり方法が違っても、夢は自分でかなえられると私は信じています。

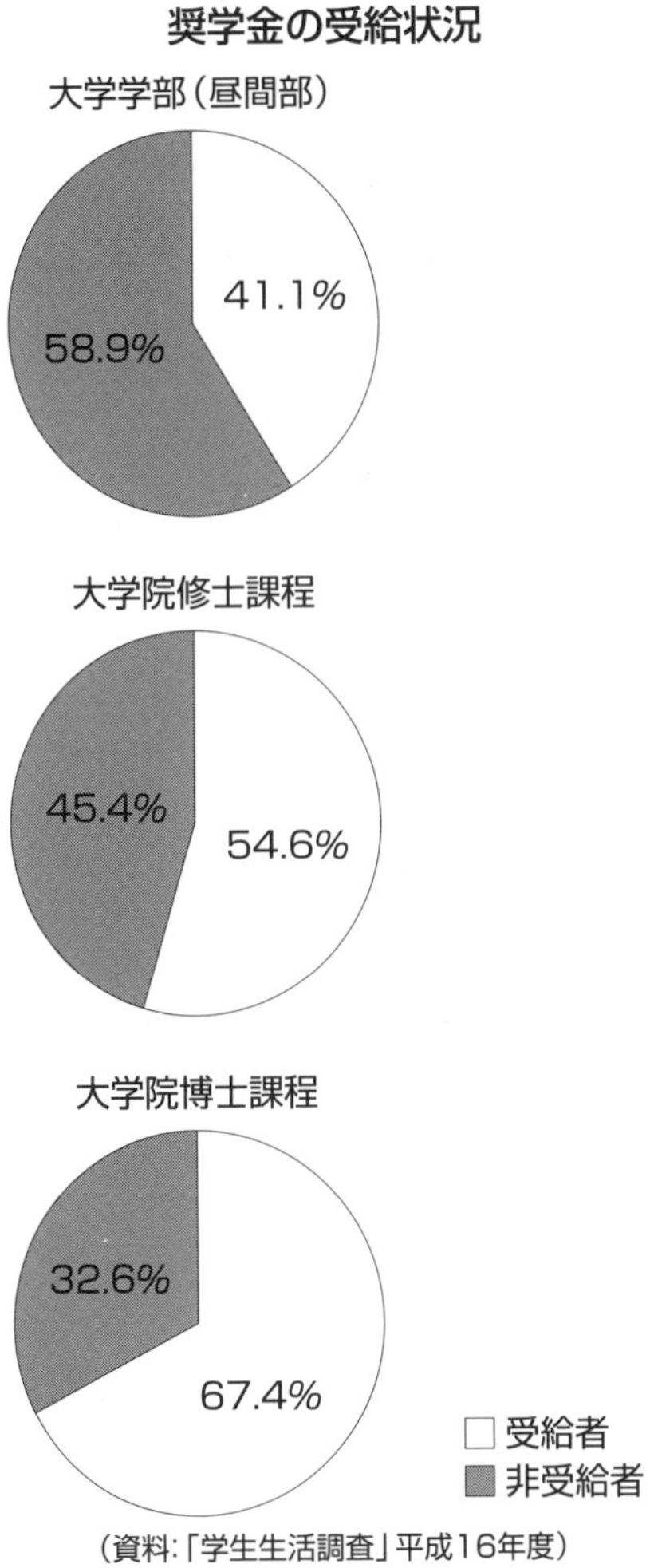

（資料：「学生生活調査」平成16年度）

第五章

今入っている保険をチェックしてみよう

いつ入った保険なんだろう

まともに見たこともない保険証券を取り出し、まずチェックしていただきたいのは「契約年度」です。

それがもし昭和だとか、平成の初めのころだとしたら、今では考えられない高い予定利率を約束された「お宝保険」の可能性があります。

そんな時代の生命保険を、転換契約や下取り契約をせずに、今もなお持ち続けていること自体スゴイ。そう言われれば、担当の保険セールスさんに、幾度となく新発売の保険商品を勧められた記憶がよみがえりませんか？

しかし、喜ぶのはまだ早い。

予定利率と関係しているのは、毎月支払っている保険料のうち、積み立てられている部分だけです。保険会社のもうけに貢献する掛け捨て部分に関しては、予定利率は関係ないわけです。往々にして、ほとんど掛け捨ての死亡保障部分の大きい契約をさせられているのが現実です。

つまり、契約年度の予定利率が高くても、予定利率と関係ない掛け捨ての保障重視の契約であれば「お宝保険」とは言えません。

次ページから検証していきましょう。

あなたはどのタイプ？　生命保険には三つしか種類がない

自分が契約している保険はどういうタイプか、と保険証券を見ても「定期保険特約付養老保険5倍型」とか「生存給付金付積み立て終身保険」とか長く難しい名前と、さらにそれぞれの保険会社が勝手につけた愛称が「ふれあい○○」とか「エスコート○○」とか…なんだか訳がわかりません。

「ややこしい」といわれる生命保険も、基本的には次の三つしか種類がありません。

・養老保険
・定期保険
・終身保険

これがその三つの基本形で、この三つのいずれかが主契約となっています。

それぞれの愛称は、その保険商品のイメージアップのために勝手につけたもので、何の意味もありません。次に「…付」とあるのは特約であり、契約の本質を表していませんのでご注意ください。

ここでチェックしてもらいたいのは、主契約が前述の三つの基本形のうち、何かという点です。

それが分かったら、基本形の仕組みを再確認していきましょう。

満期金を受け取り保障が終わる　養老保険

養老保険の特徴としては、

・保障は一定期間（十年とか二十年とか六十歳満期とか）

・満期保険金が受け取れる

・保険料は割高

つまり養老保険は、保障と貯蓄を兼ね備えた保険といえます。「貯金がわりに」と勧められるのはその理由からです。

中途解約の場合の、解約返戻金や満期保険金がありますから（「養老保険の基本のかたち」の黒く塗りつぶした部分）、養老保険の保険料は積み立て部分が大きいわけです。つまり、契約年度が非常に影響します。高い予定利率の養老保険は、今や貴重な「お宝保険」といえるでしょう。

しかし実際は、掛け捨ての定期保険や医療保険が特約として付いているため、積み立て部分が少なく、満期保険金も死亡保障に比べ小さい契約例がほとんどです。

「お宝」といえるのはほんの一部ということになり、医療保障がある時点で終了してしまうことの方が問題になる可能性があります。

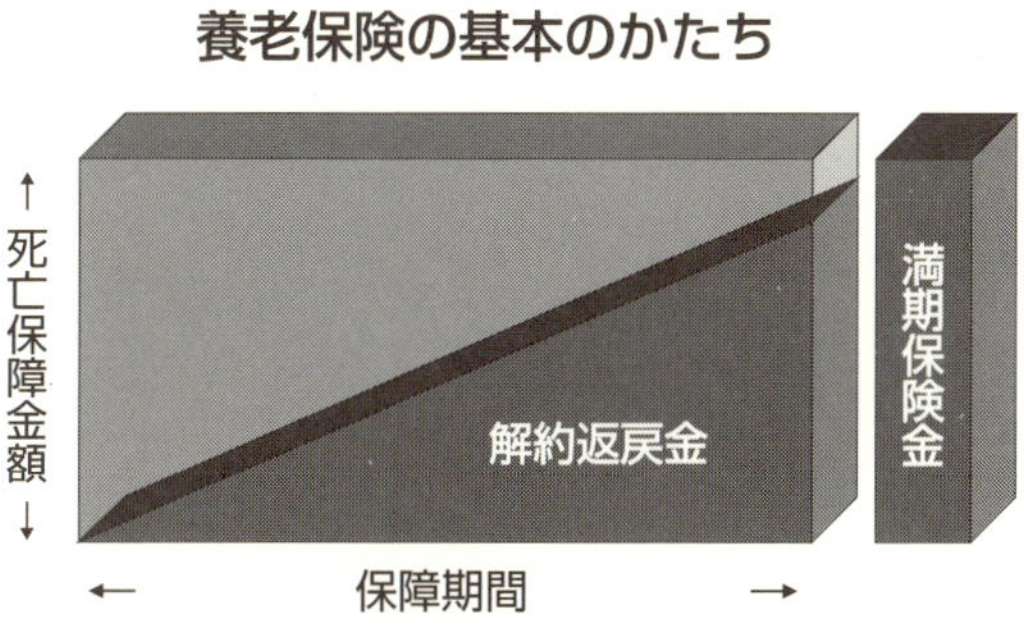

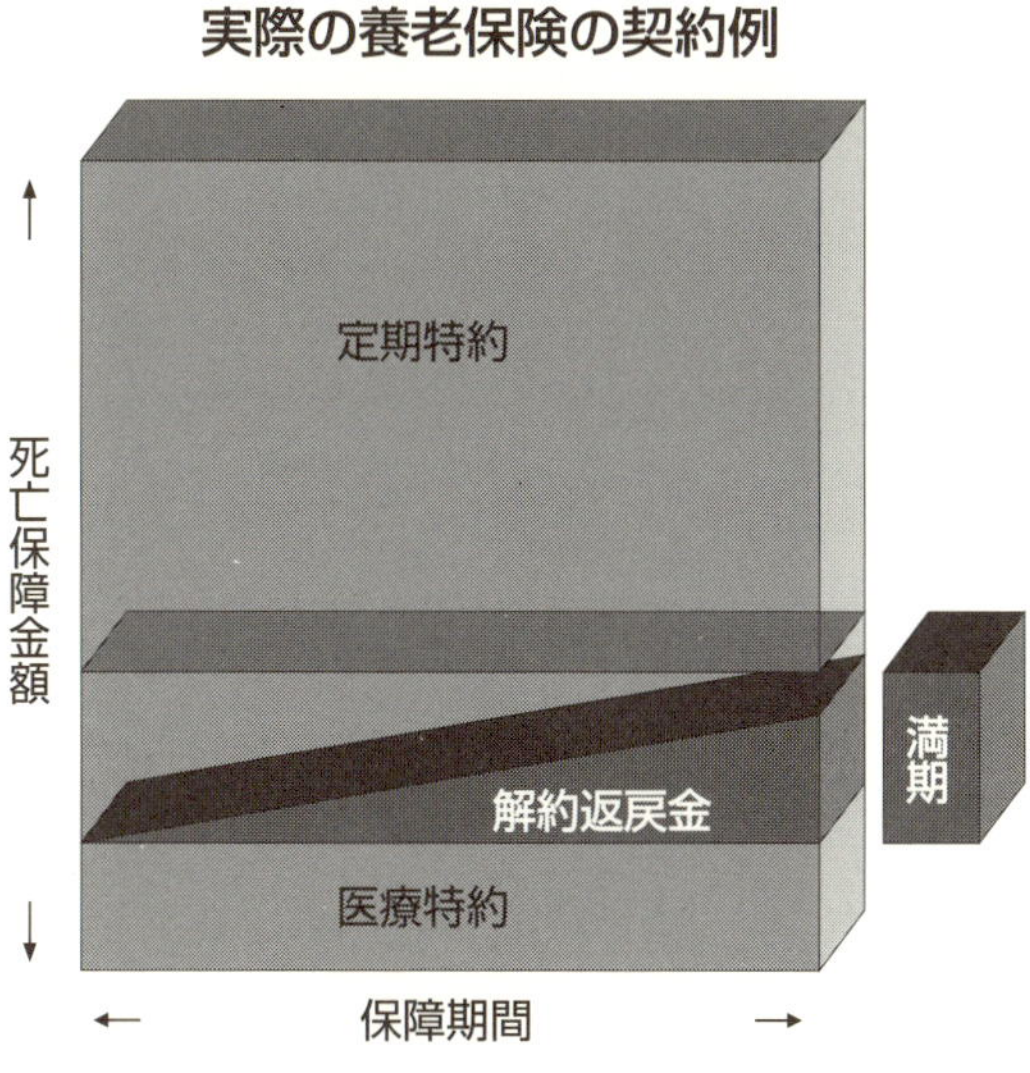

一定期間に負担を少なく大きな保障　定期保険

定期保険の特徴としては、

・保障が一定期間
・基本的に掛け捨て
・保険料は割安

つまり、定期保険は保険料負担を抑え、一定期間だけ大きな保障を準備できる保険といえます。十分な死亡保障を確保したいが、お金はあまりかけられないという人にはおすすめの保険です。保障期間終了時の満期保険金などはなく、保障期間中に何事もなければ、受け取りはナシということになります。

基本的に掛け捨てなので、契約年度や予定利率とは関係ありません。掛け捨ての死亡保障部分に関しては、予定利率ではなく死亡率との関係が大きいため、同じくらいの年齢なら平均寿命が延びている最近の方が、かえって安く加入できるようになっています。

最近は、収入保障定期保険や低減定期保険、解約返戻金の発生する超長期定期保険などさまざまな定期保険が発売されています。

それぞれの特徴とライフプランとをうまくリンクさせることができれば、利用価値はかなり高いと思っています。

定期保険の基本のかたち

超長期定期保険の契約例

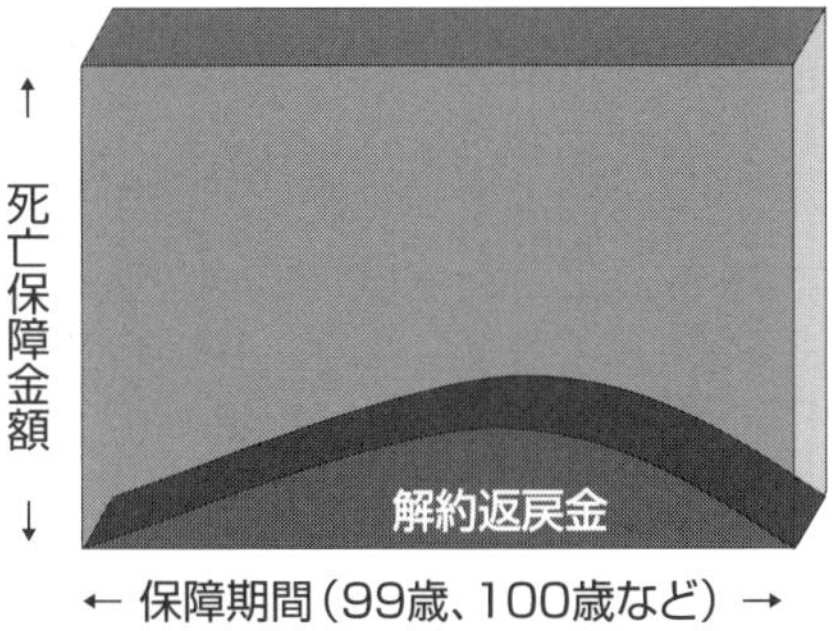

保障が一生続く　終身保険

終身保険の特徴としては、

・保障が一生続く

・満期保険金はないが解約返戻金あり

・保険料は割高

つまり終身保険は、ずっと保障が継続しているので、いつ亡くなっても保険金を受け取ることができる安心な保険といえます。また、都合により解約返戻金を利用することも可能です。こちらも、養老保険と同様に解約返戻金としてお金がたまっているわけですから、予定利率の影響を大きく受けます。

このように説明していくと、

「良かった。私は終身保険なので保障は死ぬまでずっとですよね」

と喜ぶ方がたくさんいます。

しかし、実際に保険証券を見せていただくと、いわゆる「定期特約付終身保険」というタイプが多く、一生続く保障はほんの一部だけという契約例がほとんどです。どの保障がずっと続いて、どの保障が途中で終わるのか、この機会にきちんと確認されることをおすすめします。

終身保険の基本のかたち

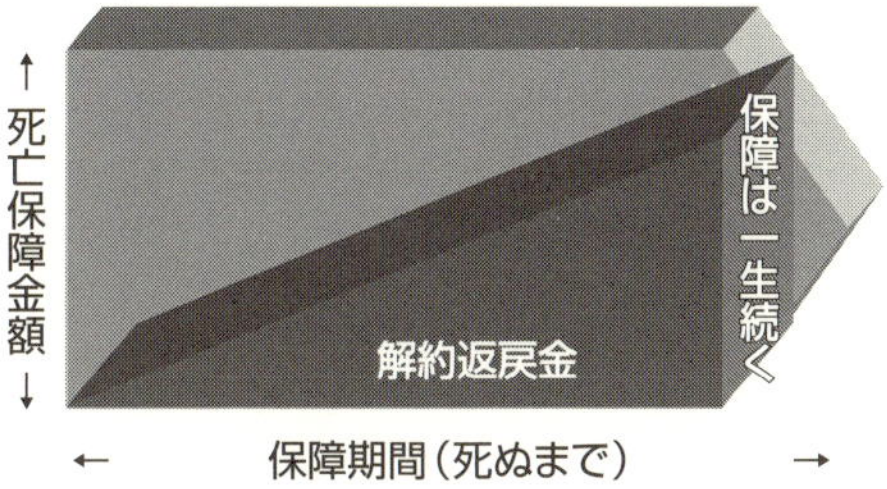

定期付終身保険の契約例

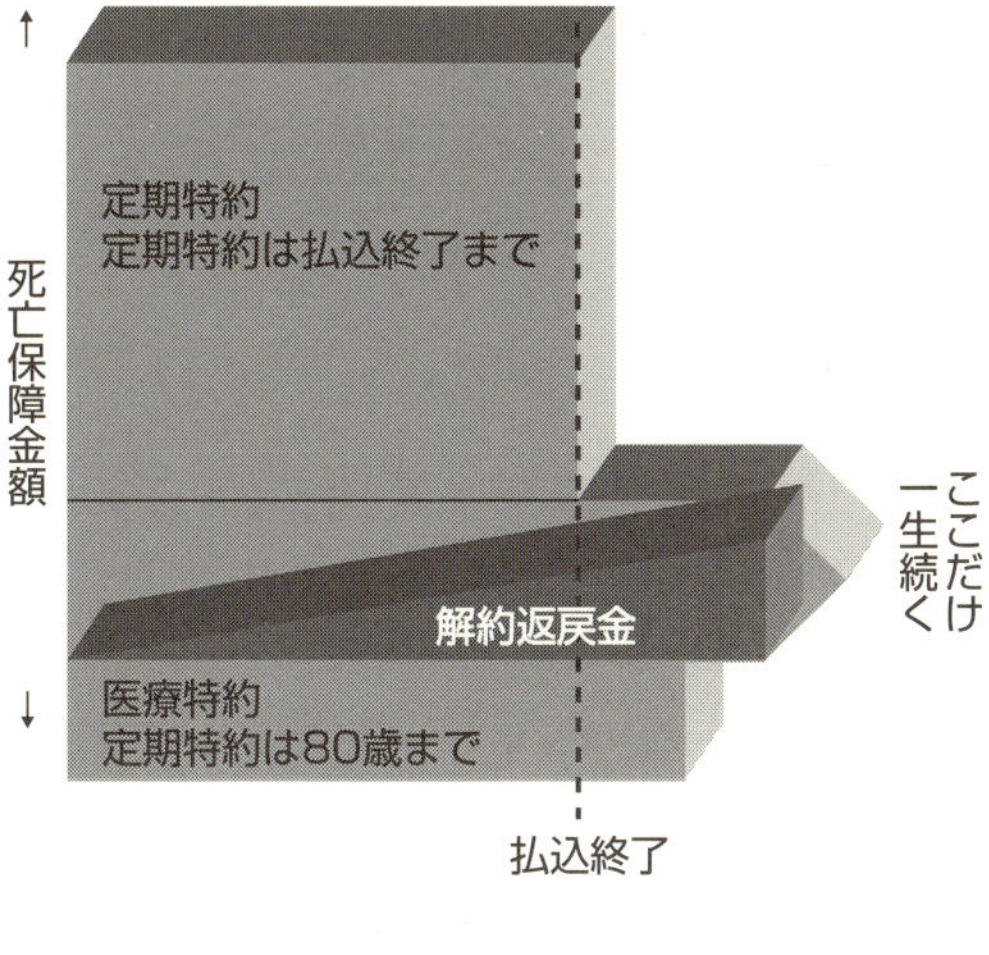

カモになる典型的な加入例

ではここで、典型的な加入例をご紹介したいと思います。
カモ男くんは平成元年、二十歳のとき社会人となりました。ある日の昼休みのこと、保険のセールスさんがやってきました。

セールスさん①「カモ男さん、保険に入っていないの？」
カモ男さん「就職したばっかりで給料少ないんで」
セールスさん①「社会人になったら保険の一つくらい入っておいた方が、もしものとき安心ですよ。若いうちの加入はお得ですし」

そこでカモ男さんは、セールスさんおすすめの保険を設計してもらうことになりました。
提案された保険は、月額保険料はおよそ一万円・一万五千円・二万円の三種類。まだ若いカモ男さんは、内容はよく分からないが、今のお給料でも何とか払っていけそうな月々約一万円の保険に加入することにしました。

保障内容は、終身保険五百万円に定期特約が二千五百万円（死亡保障合計三千万円）、入院したら五日目から一日五千円の給付金が支払われる保険でした。

時がたち平成十五年。カモ男さんもじきに三十五歳、結婚して奥さまは妊娠中です。

そんなある日、担当のセールスさんがやってきて言いました。

セールスさん②「もうすぐ保険の更新の時期です。同じ保障内容で更新しますと、月額保険料は約一万九千円となります」

カモ男さん「えっ？　更新？　加入のときにそんな話聞いたかなぁ？　前の担当の人とっくに辞めたよね」

セールスさん②「必ず説明しているはずですよ」

カモ男さん「参ったなあ。子どもが生まれるからウチの奥さん仕事辞めたし、一万円が倍近くになるんじゃ困るなぁ」

セールスさん②　「大変ですね…。そうだ、今契約している保険を下取りして、新発売の保険に加入すれば、死亡保障は三千万円で変わらず、入院の保障は一日目から一万円にグレードアップ。月額保険料は一万二千円で済みますよ」

カモ男さん　「いいこと教えてくれた。ありがとう」

カモ男さんは喜んで今の保険を下取りして、転換契約により新しい保険に入り直すことにしました。

ところがカモ男さん、このあと十年ごとに保険料の値上がりに苦しむことになってしまいます。

前の契約は十五年更新（予定利率5％）、新しい保険は十年更新（同1・5％）だったのです。さらに次の更新時には、予定利率の高かった前契約の積み立て分を使い果たし、大きく値上がりしてしまいます。それでも何とか保険金額を調整しつつ契約を続け、やっと払い込み終了となると、今度は八十歳までの医療保障分の約百万円を一括払いしなさいと言われてし

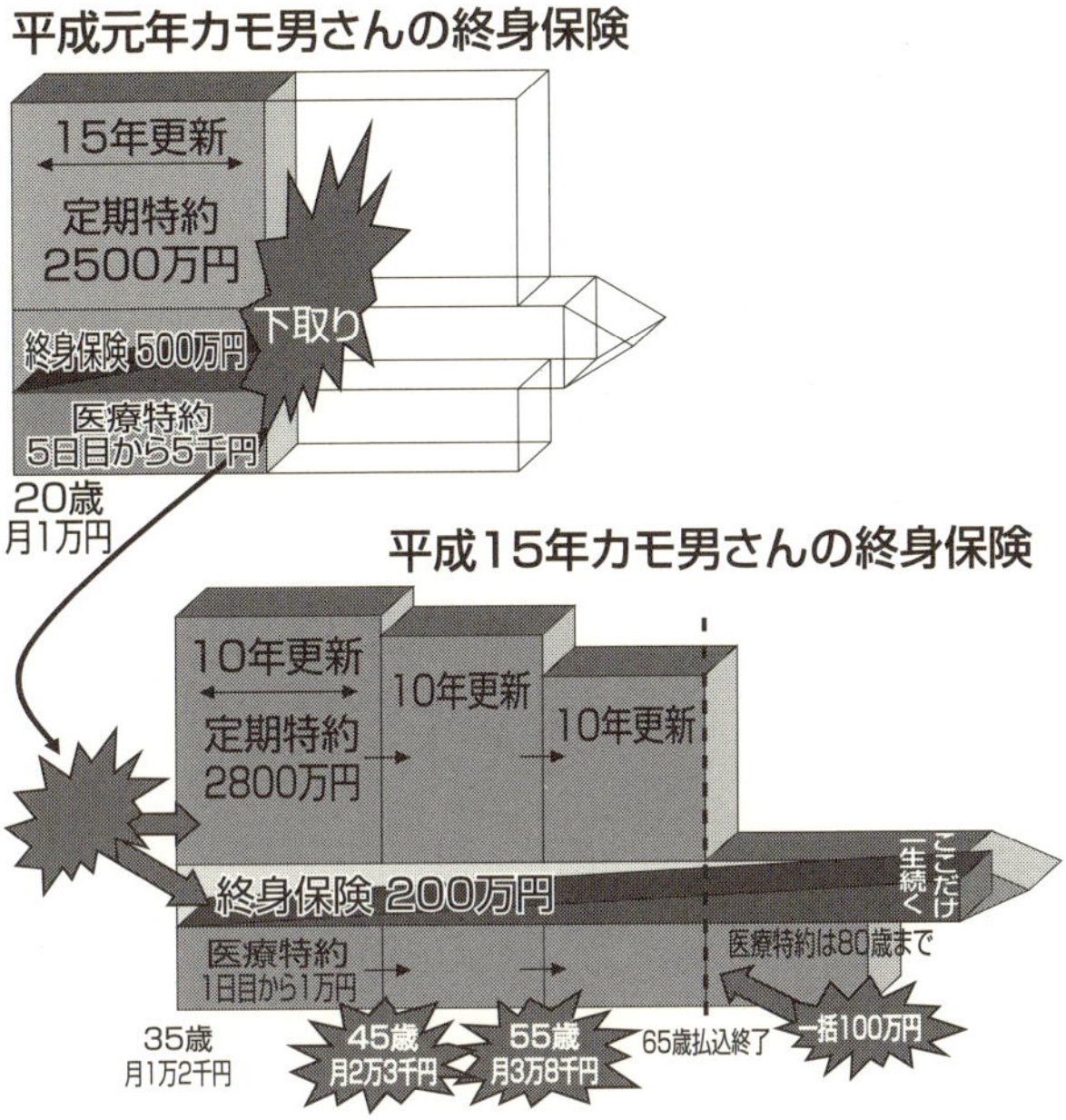

まいます。

カモ男さんの場合は珍しい例ではありません。その証拠に、この話をすると、

「僕も同じパターンで転換契約しました。セリフまでほぼ一緒…」

と言う方が後を絶たないからです。

・独身に三千万円もの高額死亡保障は必要ない
・平成元年の終身保険は価値がある
・医療保障を更新していくのはいやだ

などの知識や判断がカモ男さんにあれば、数百万円単位の節約が可能だったはずです。

はたまたはやりのアカウント型？

最近は下取り契約後、アカウント型の保険に新規加入する例が多く見られます。

「ライフステージごとに見直し」「いつでも変えられる保険」などのキャッチコピーで、国内大手生保の主力商品となっていますが、契約者が仕組みをきちんと理解して、長期的に保障とコストのバランスがとれるのか心配になります。

さてアカウント型は、三つの基本形の中ではどのタイプかというと、ズバリ「定期保険の寄せ集め」です。すなわち、

・十年ごとに更新する死亡保障や医療保障などの保障部分

・アカウント（日本語でいうと口座）と呼ばれる貯蓄部分

の二つで構成されています。

保障は掛け捨ての定期保険なのですが、そのほかにアカウント部分にお

アカウント型の生命保険の仕組み

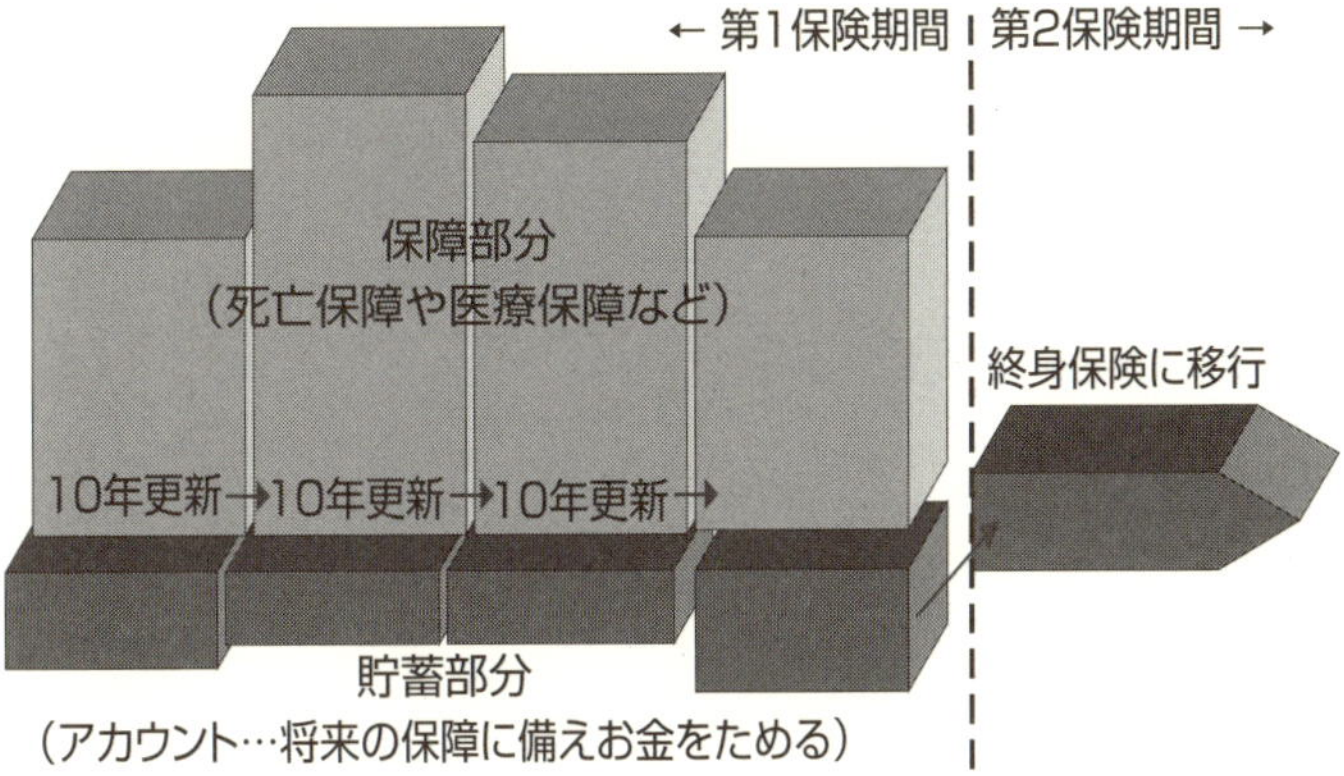

金をためて、保険料の値上がりや将来の終身保障に備えています。

そのような仕組みをきちんと理解してコントロールできる人だといいのですが、大抵は言われるままに更新を繰り返し、保険料はそのたびに大きく値上がりしていきます。

さらに困るのは、多くの方が保障部分にばかりお金がかかり、第1保険期間の終わりまでに十分なアカウントをためることができず、終身保険に移行できない可能性があります。

人任せにしていたばっかりに、高齢期に保障切れになるのは絶対に避けたいものです。

死亡保障と医療保障に分けて整理する

三つの基本形のうちの、どのタイプの保険に加入しているかチェックした後は、保障内容の確認をしていきましょう。

保険証券を見ていただくと、基本となる主契約のほかにかなりの数の特約がついています。あまりにおまけ（特約）が多くて、元の商品（主契約）が何だったのかさえわからなくなっています。

また、中には、

「あれもこれも…まだある…」

と、これでもかと次々に保険証券を出してくる方がいて驚かされることがあります。そんなふうに一人でいくつもの保険契約を持っている方は、「たくさん入っている」ということに安心感を覚えていて、どんな保障内容なのか？　この先はどうなるのか？　ということはサッパリわかっていない場合が多いのです。

まずは、大きく分けて次の二つの保障に絞って整理していきましょう。

・死亡の保障（亡くなったときにもらえる）

・医療の保障（病気やケガでの入院・手術のときにもらえる）

「亡くなった後、誰かが受け取るお金なのか？」それとも「生きているうちに体が弱ったりして困ったとき、自分が受け取るお金なのか？」ということです。

それさえもわからないということは、無駄な保険の可能性が高くなります。それぞれ次ページ以降の表のように記入して整理していきましょう。

亡くなったときの死亡の保障

主契約のほか、一般的に死亡保障となる特約の例としては、「定期保険特約」「生活保障特約」「介護保障特約」「特定疾病保障特約」「三大疾病前払い特約」「重度慢性疾患保障特約」などが挙げられます。

注意していただきたいのが、「障害特約」「災害割増特約」などの、不慮の事故で亡くなった場合だけに支払われる特約。

日ごろニュースではよく聞きますが、不慮の事故で亡くなる方は少ないので、わずかな保険料で大きな災害死亡保障を準備できるのです。しかし、「死ぬ」という事実で、遺族に与える経済的損失は同じはず。死亡原因によって保障が足りなかったり、多すぎたりするのはオカシイので、病気死亡を基準に考えたいと思います。

個人年金保険に加入している方は、死亡の場合、払込保険料相当額を返されることになりますので、その金額を保障額としてください。

医療の保障	いくら?	いつまで?	保険料は?

記入例

医療の保障	いくら?	いつまで?	保険料は?
○○生命　終身保険	200万円	死ぬまで	変わらない(65歳まで払う)
〃　定期特約	2800万円	47歳まで	10年自動更新(値上がりする!)
〃　生活保障特約	1200万円 (120万円×10回)	47歳まで	10年自動更新(値上がりする!)
××生命　養老保険	300万円	52歳まで	変わらない(52歳で満期)
・	・	・	・
・	・	・	・

「リビングニーズ特約」は、余命六カ月と診断された場合には、保険金の一部を前払いするという保険料のかからない特約ですので、記入不要です。また、「ファミリー保障特約」や「家族保障特約」は、本人の死亡保障ではありませんので、別にしておきましょう。

病気やケガでの入院・手術などの医療保障

次に、医療保障を整理していきます。

入院や手術などの保障は、「疾病入院特約」「手術特約」「成人病特約」「生活習慣病特約」「がん入院特約」「女性疾病特約」「通院特約」などが挙げられます。近ごろ一部の保険商品では特約ではなく、医療保障が主契約になっているものも見られますが、最終的に「がん入院のみ」の保障であることが多いので注意が必要です。

また、「災害入院特約」だけ記載の場合は、けがのときしか保障がないということになります。

簡易保険の場合、加入経過年数によりの保障の厚さが変わり、また入院日額も主契約の保険金額×一〇〇〇分の一・五などと記載が分かりづらいので、実際に計算してみてください。

死亡保障と同様に「ファミリー疾病保障特約」や「家族医療特約」も本

医療の保障	いくら?	いつまで?	保険料は?

記入例

医療の保障	いくら?	いつまで?	保険料は?
○○生命　新疾病入院特約	1万円/日額	47歳まで	10年自動更新(値上がりする!)
〃　新災害入院特約	1万円/日額	47歳まで	10年自動更新(値上がりする!)
〃　手術特約	10万円~40万円	47歳まで	10年自動更新(値上がりする!)
××生命　養老保険	5000円/日額	52歳まで	変わらない(52歳で終わり)
•	•	•	•
•	•	•	•

人の保障ではないので、別にしておいてください。

最近は、「高度先進医療特約」や「形成治療特約」など新しい特約もでていますが、今回は別にしておきましょう。

これから先の保障・保険料はどうなっていく?

保険証券が何枚もある場合でも、死亡保障と医療保障に分けた表にまとめて記入することで内容がはっきりします。

また前もって、ご自身の社会保障などの準備済み資金やライフイベントを確認したわけですから、総合的な視野で保障内容を判断できると思います。

「合計すると、かなりの死亡保障額だな」

「これだけいろいろあるのに、終身の保障がない」

「がん入院の保障だけ多すぎないか」

「七十歳以降の医療保障が準備されてない」

重複している保障、足りない保障など問題点が何となく分かってきたのではないでしょうか?

仮にたった今の保障内容には充足感があっても、それらがずっと続くのか、保険料の変化はどうなのか確認しておくことが重要です。

保険期間「10年」と書いてある場合は、十年後の更新を希望すれば保険料が上がるということを意味しています。加入時の設計書があれば、たいてい更新後の保険料が非常に小さい字で示されています。

「なんで入るとき教えてくれないのか？」と怒りをあらわにする人もいます。

本当に大切なことほど「説明せず」、重要なことほど「小さい字」で書いてあるのはなぜなのでしょうか？

死亡保障はお葬式代さえあればいい

さて、表にまとめた保障内容について、まずは死亡保障から具体的に検証していきましょう。

「遺《のこ》された家族が困るか」という観点から考えると、独身で一人暮らしの方や、ご高齢の方は、「お葬式代だけでいい」という結論になることもあると思います。

人は誰でもいつか死ぬわけですから、いつその時がきても遺族がお葬式代に困らぬよう、その分を終身保険で準備するのが基本です。しかし例えば、

「今、私が死んだら加入している個人年金保険の払い込み相当額が戻ってくるから、それを葬式代と考えています」

というＯＬさんや主婦の方の考え方も私は大正解だと思います。

誰でも入れる終身保険の仕組み

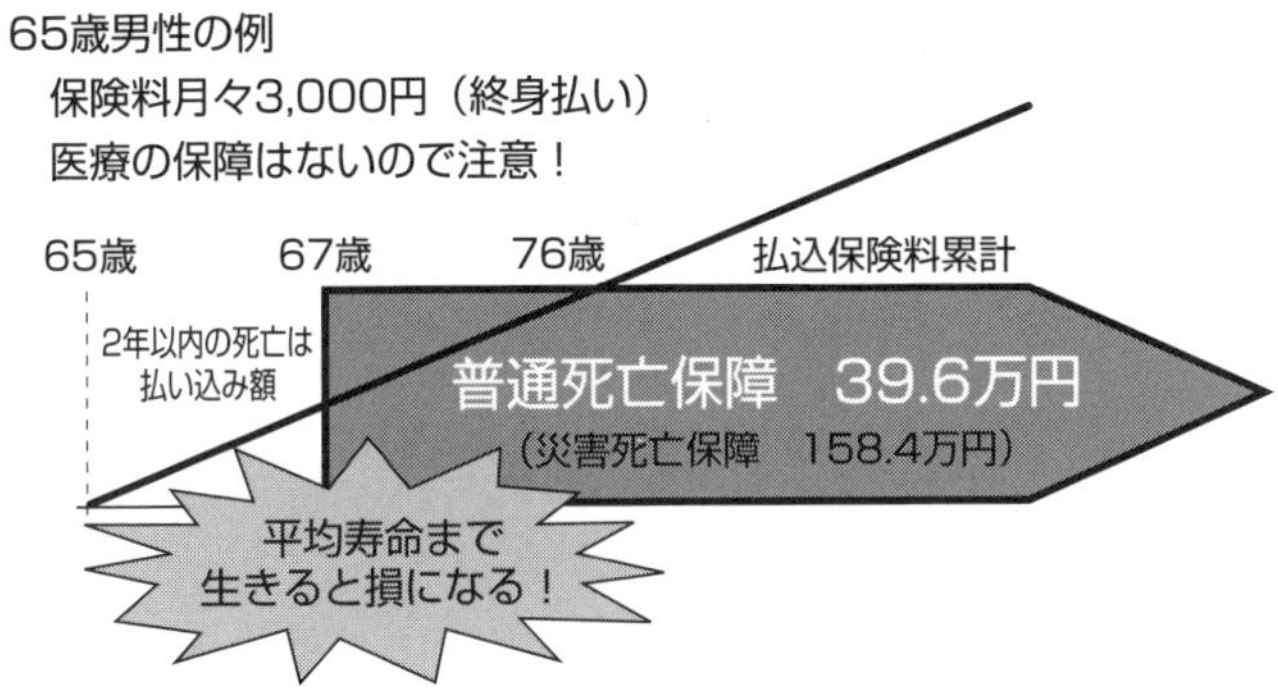

一方、おじいちゃんやおばあちゃんが定期保険に加入していて「八十歳までに死んでくれれば○百万円なのに…」なんて家族に思われているとしたら嫌ですよね。

しかし、お葬式代のためだけなら、必ずしも生命保険で準備しなくてもいいと思いませんか？

高齢者の方が保障切れを苦にして、誰でも入れるような告知のない終身払いの終身保険に加入しているケースを見かけます。お葬式の分の預貯金があったり、葬祭業者などの積み立てをしていれば、わざわざ平均寿命より長生きしたら損するような生命保険に加入する必要はないのでは？　と思います。

パパの必要死亡保障額はいくら？

さて、一家の大黒柱のお父さんは、表にまとめた死亡時の保障合計額が、自分にとって多いのか少ないのか分からないかもしれません。では、次ページの表に記入して、想像力豊かにあなたのオリジナルの必要保障額を出してみましょう。

現実からかけ離れないように、月額の生活費を基準に計算していきます。上段の部分では、パパがもしものとき、現在と比べどのように生活費が変わるかを検証し、**予想必要額A**を計算します。

団信生命に加入している住宅ローンは返済不要となりますし、パパの各種保険料、パパが契約者の学資保険の保険料も払い込み不要なので、ここでマイナスしていきます。当然、パパのお小遣いやパパの携帯などの通信費、ゴルフなどの趣味にかけていたお金は必要なくなりますし、場合によっては自家用車の維持費などもかからなくなるかもしれません。

実際は、たばこやお酒、被服代など細かくみるとキリがないのですが、ここでは、ゆとりある試算を心がけてほしいと思います。なぜなら、本当に万が一のときが来ても、遺族が余裕のある生活を送れるように準備してほしいからです。ボーナスで月々の生活費を補てんしているようならなおさらです。

パパの必要保障額の計算

現在の月の生活費		万円
住宅ローン（団信）	△	万円
保険料等	△	万円
おこずかい	△	万円
その他通信費など	△	万円
万が一後の月生活費		○万円
○万円×12カ月×必要年数＝		万円
その他の一時出費（葬式代）	＋	万円
その他思い入れ	＋	万円
		予想必要額A
遺族年金の合計額	＋	万円
学資保険の給付の合計額	＋	万円
死亡退職金	＋	万円
職場の団体共済など	＋	万円
ママの収入（年収×○年）	＋	万円
預貯金・その他の一時収入	＋	万円
		準備済み資金B

A － B ＝ 必要保障額

それを元に必要年数（六十五歳まで、末子《まっし》の大学卒業までなど）をかけて、住宅ローン以外の借り入れや葬式代などの一時的なそのほかの出費を加え、**予想必要額A**を出します。例えば、教育費や住まいなど特に思い入れがあって計上したい場合は、ここで加えていってください。

下段では、これまでに調べた準備済み資金を合計していきます。

遺族年金は、働き方、収入、十八歳未満の子どもの数などによって金額が違いますので、それらを勘案して合計額を算出してください。学資保険の入学祝い金や満期金は、契約者死亡で払い込み不要となっても通常通り受け取れるので合計し、養育年金などの給付が受けとれる契約の場合はその分も加えてください。

死亡退職金は勤務先の規定を確認していただき、ついでに職場の団体共済やグループ保険に加入していないかなどもチェックします。

ママが、専業主婦なのかパートなのか、正社員なのかによって準備済みの資金は大きく違ってきます。そのため、収入が見込めないならここで計上しないでください。最後に、預貯金やその他の一時的な収入を加えて

準備済み資金B を出していきます。

「パパが亡くなったとしたら、このマンションを売って実家に帰ります」という方は、マンションの時価をここで計上してください。

最終的に、**予想必要額A** から **準備済み資金** を引いた金額が、パパの **必要保証額** ということになります。それぞれの特別な事情を加減してあなたオリジナルの **必要保障額** にたどりついてください。現在準備している保障は多すぎでしたか？

少なすぎでしたか？

必要死亡保障額は変わっていく

計算結果からみて、準備していた死亡保障が多すぎた人も少なすぎた人も注意していただきたいことがあります。

必要保障額というものは、同じ人でも年齢や子どもさんの成長、ライフスタイルの変化や諸条件により変わってくるという点です。

大きな変化のポイントとしては、

・子供が生まれた
・住まいを新築した
・子供が独立した
・退職した

などが挙げられますが、一般的に末子《まっし》が生まれた時点が一番多く、その後少しずつ減っていくという考え方が基本ですが、そうばかりとも限りません。ライフイベントの節目や生活状況の変化にあわせ、随時見直していくことが非常に重要です。

数年前に必要保障額を一緒に計算し、生命保険の見直しをした会社員のある男性が、

「独立開業する予定なので、保障を見直したい」

と再度ご相談に見えました。この方は、必要死亡保障額の考え方をきちんと理解して下さっているわけで、最近こういう若い方が増えています。

医療保障をチェックしてみよう

医療保障をまとめた表を見ると、大手生保の特約のほかに、通信販売や月二千円の○○共済もあったりして、保障の重複もかなりあるのでは？

「入院しているほうが稼げる」

なんて人も少なくないのではないでしょうか。

見直し相談で「がん」「成人病」「女性疾病」など病名によって、入院給付日額が変わる契約もよく目にします。医療保障に入院中の収入保障の役割を求める人は、ケガでも病気でも保障される基本となる医療保障を準備した上で、その上乗せを考えるようにしていただきたいと思います。

病気で入院したので請求したら、

「ケガでの入院しか保障されていなかった」

という誤解はよく聞きます。契約内容を理解していなかったばっかりに、病み上がりにさらにショックを受けるのは避けたいものです。

また、ファミリー医療特約にしておいたために、契約者が亡くなった後、残された人に保障がなくなるのは不安だと思います。いつまで生きるか人それぞれですから、医療保険もそれぞれが基本です。

その医療保障はいつまで続くのか？

現在「入院していたほうが稼げる」人も、問題はいつまでその保障が続くかという点です。死亡保障は時がくれば、「葬式代だけでいい」ということになりますが、医療保障は違います。

「年をとれば取っただけほしい」保障と言えると思います。

「健康ではないが、長生き」の可能性が高い現代、生きている限りずっと続く医療保険を更新型でない形で準備してもらいたいと思います。本当に必要になったころには役に立たない…では、意味がありませんよね。

「私は無駄なく○○共済の月二千円の入院保障だけ」という人もいますが、六十五歳以降は保障がだんだん先細りとなり、タイプによってはケガの入院のみ保障という流れになっています。こちらも先々の契約内容を確認したうえで、「こんなはずでは！」とならないようにしてほしいと思います。

また、保険証券のすみの方に、「主契約の保険料払い込み終了時、以降継続する特約の保険料に関しては一括前納を要します」と、読めないような小さい字で書いてあることがあります。気づかずにいると大変なことに…。

平たく言うと「この保険はある時点で（六十歳とか六十五歳とか）払い込みが終わるから、そのあとも入院などの保障を八十歳まで続けたいのなら、まとめて保険料を払ってよ！」ということ。この「まとめて」とは、百万円を超えるケースが少なくないのですが、健康上の理由でほかの選択ができなければ、払うしかありません。そうならないうちに、長い目で保険とのつきあい方を考えましょう。

入院や手術でもうけようと思うな！

第三章で私たちを取り巻く社会保障をご理解いただくと、入院日額にむやみに不安を覚える必要はありません。

高額療養費や傷病手当金から考えると、入院日額は一日五千円で十分ということになります。仮に一カ月丸々入院したとしても、入院給付金は五千円×三十日＝十五万円で、高額療養費での自己負担約八万七千円をはるかに超えるからです。手術があれば手術給付金も受け取れますし、サラリーマンであれば傷病手当金という制度もあり、公務員は療養休暇もあってさらに安心です。そうなると、通常の治療費に関しては心配なさそうです。

高齢者の方で、たまに、

「ウチで寝ていても一銭にもならないから、もう少し入院させておいてくれ」

なんていうのは、もうかっちゃうからですよね。しかし、トータルで自分が支払った以上の医療給付金を受ける人はわずかです。あくまで、治療費の補てんととらえ、シンプルな契約にしておくほうが、結局お得です。

そのため、私は基本的に入院日額一日五千円を基本におすすめしています。

ただ、住宅ローンなどの返済を抱えている方や、自営業で即収入減となる方にはもっと厚めの保障を提案しています。

また、「入院するなら絶対個室」という方は、差額ベッド代は高額療養費にカウントされませんので、その分の準備が必要です。

中には、今後の自己負担増をにらみ、今から十分な保障を確保したいという人もいますが「心の安定剤」的な役割もある医療保険ですので欲張らず、そして「健康保険＋α（アルファ）」という基準で選んでみてはいかがでしょう？

入れないなら、貯蓄で準備しよう！

確認してみたら、

「入院や手術の保障はなかった」

「もうすぐ医療保障が切れてしまう」

でも、

「持病があって保険加入はできない」

なんて方もいるかもしれません。

別にいいじゃないですか！　あきらめましょう。

もともと「払ったより戻ってこない」可能性が高い医療保険ですから、その分、毎月銀行で自動引き落としの定期積み金でもして「保険に入ったツモリ貯金」をしておいた方が、よほど間違いない準備です。

慌てて通信販売の資料請求をして、

「自分でも入れる保険はどれか」

誰でも入れる医療保険の仕組み

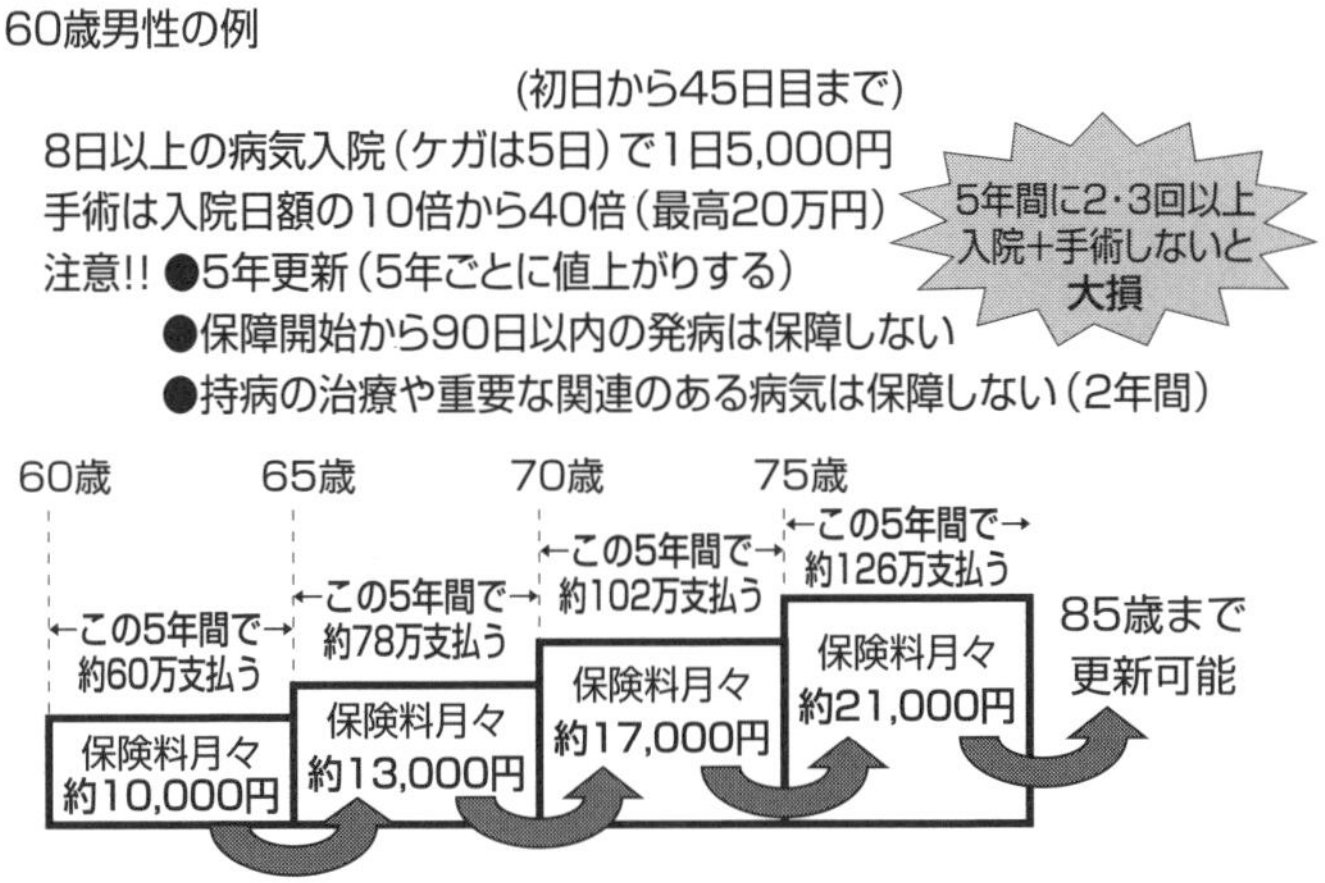

などと探しまくり、誰でも入れる保険や、引き受け条件のゆるい保険に無理に加入するのはやめましょう。「こんなはずではなかった」と後で嘆いても、つぎ込んだ多額の保険料は戻ってはきません。

おまけ（特約）での準備をやめよう

今回、あえて死亡保障と医療保障に絞って契約内容を確認してきたことには、理由があります。

復習になりますが、

・**死亡保障**…大きな保障が必要な期間は決まっている。年を重ねていけば、いつか葬式代だけでいいときがくる。

・**医療保障**…年を取れば取るほど必要と感じる。いらなくなるときは来ない。

目的と必要な期間が、それぞれ違う死亡保障と医療保障。これらを準備するのに、どちらかがどちらかの特約では本来の目的を達成できないと考えています。それぞれの目的にあった保険を、主契約で準備する方が分かりやすく間違いがありません。

どちらかをおまけ（特約）にしたばっかりに、

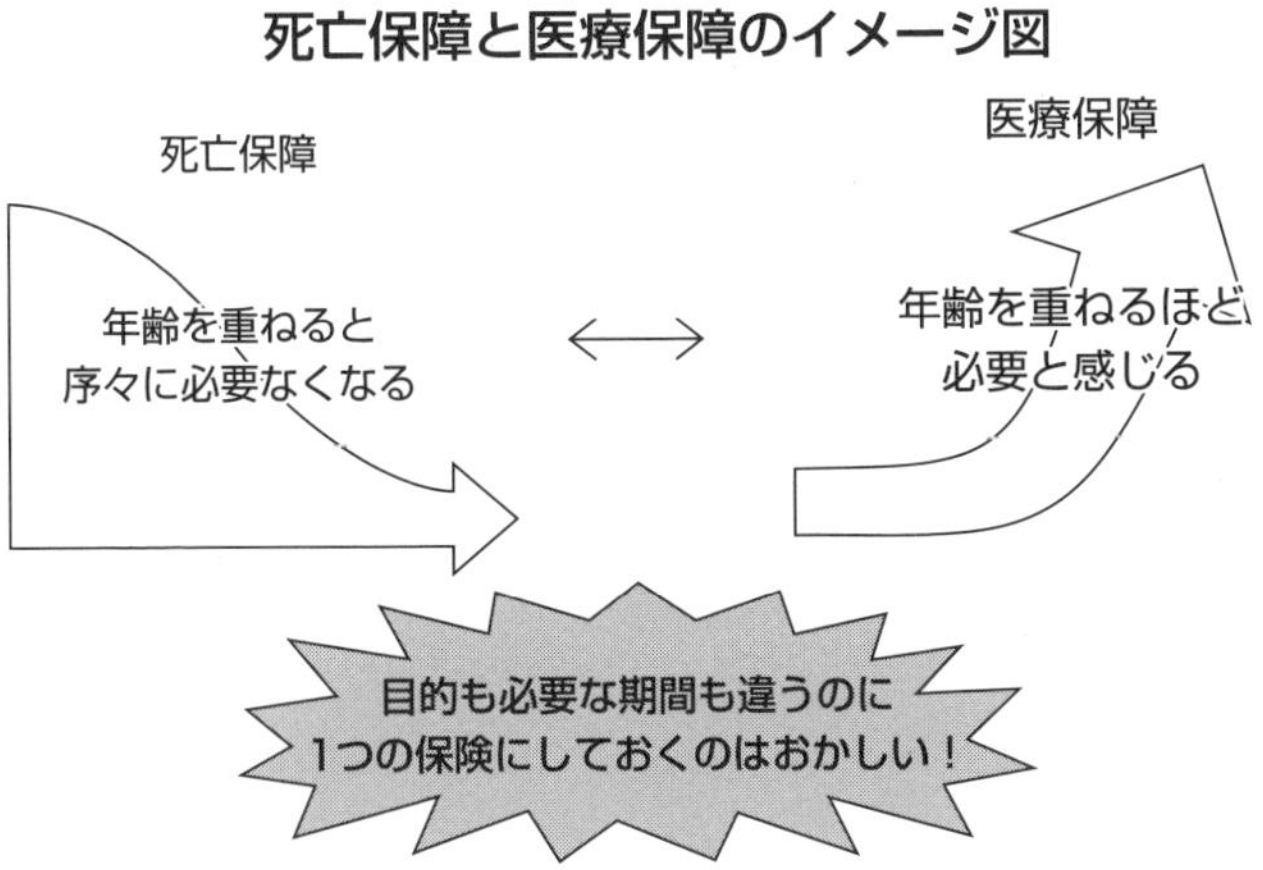
死亡保障と医療保障のイメージ図
死亡保障
年齢を重ねると
序々に必要なくなる
医療保障
年齢を重ねるほど
必要と感じる
目的も必要な期間も違うのに
1つの保険にしておくのはおかしい！

「終身保険を解約して返戻金を手にしたいのだが、医療の特約もなくなってしまうので困る」なんてコトが起こってしまうのです。

目的ごとに、必要期間ごとに別々に考えていく方が、結果的に無駄を省くといえます。

意味不明の特約はムダ

　自分の保険証券を見ても意味が分からず、保障内容の確認に手間取った特約がたくさんあったと思います。それらは、本当に必要な保障だったのでしょうか？　また、必要な期間を満たしていたのでしょうか？

　そもそも自分が分かっていない特約なんて、意味がないということが証明されました。

「生命保険会社の保険金不払い問題」の発覚です。

「治療を受けたので、契約通りの保険給付をお願いします」と、契約者が請求しても、入院給付金だけ支払い、通院や手術の給付金の支払いを忘れていた…などが主な理由です。

　加入時には、

「こんな特約もあります。この特約はお役に立つのでは？」

などと、てんこ盛りのおまけを勧め、実際に困ったときには「知らん顔」

です。
　請求しても「知らん顔」なわけですから、ますます複雑になる保険開発において、契約者が給付に該当するかを自分で判断できなければ、誰も「あなたの病気は、〇〇の給付が受けられるので請求して下さい」と声をかけてはくれません。
　結局、自分が分かっていなければ、意味がないのです。お金だけ払って給付を受けず、保険会社の利益だけに貢献するのはもうやめましょう。

おいしいところはやめないで

あらためて自分の加入している保険を調べてみて、「自分が思っていたものとだいぶ違った」とか、「ほとんど掛け捨てだとは知らず、がっかりした」

といった感想をもった方もいるでしょう。

「頭にきた！　解約だ」と先走らないでください。

どう見直しても年齢は若返りませんし、新契約は以前の契約より予定利率が低くなってしまいます。どうか、おいしいところはやめないで継続してほしいのです。

どうも多くの方が、保険は「やめる」か「続ける」かの二つしか選択がないように感じているようです。実際は、実にさまざまな方法がありますので、一部を紹介します。

見直しテクニック①

不要な特約が更新型でたくさんついている

↓

高予定利率の養老保険

主契約部分だけ継続する

あとの特約部分は解約し、必要な分の新契約をする。さらに全期前納すれば、低金利の定期預金より投資効果が高い。

見直しテクニック①の例

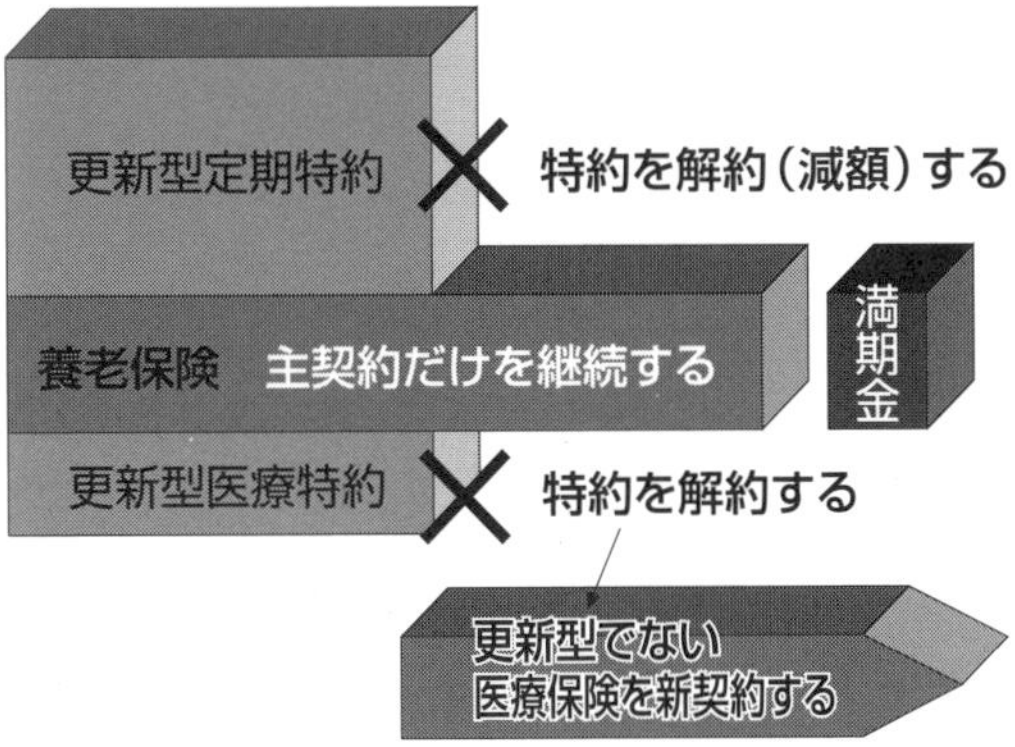

見直しテクニック②

終身保険の保険料負担が苦しい

↓

払い済み保険にする。保障が小さくなるが以後の保険料払い込みは不要。特約部分はなくなるので、必要な部分は新契約をする。

または、特約部分を減額して継続する。

見直しテクニック②の例

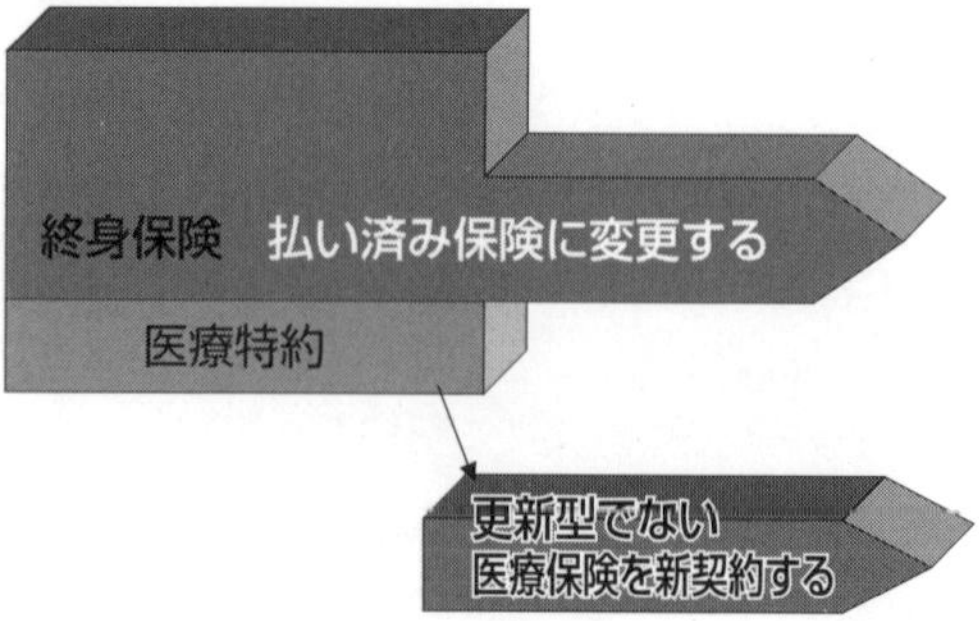

本来、特約というのはおまけであり、契約者の都合で（年齢や体の状況など条件さえ満たせば）いつでもくっ付けたり、減額したり、やめたりできるはずなのです。時々、保険会社の身勝手な条件を聞くことがありますが、利益優先の姿勢以外の何モノでもないのです。

言われるがままの見直しでは、またカモに逆戻りです。

お宝保険は死守して、ぜひ、あなたが主導権を握って見直しに挑戦してください。

保障の切り替えは得するチャンス！

大切な自分と家族のための生命保険ですから、見直しにあたっては、必要な保障を確保してから、手続きに入ることは鉄則です。

「二重に保険料を払うのは無駄だし、まぁ大丈夫だろう」などと考え、いままでの契約を解約してから新しい保険を契約するようなやり方は非常に危険です。保障の空白期間に保険事故が起こらないとも限らず、そのために一生後悔するようなことは断じて避けるべきです。

そもそも、仕組みさえ知っていれば、保険の切り替えは「二重に保険料を払う」どころか「保険料を一カ月分得する」チャンスなのです。

その裏ワザを紹介しますね。

まず、新しい契約は月初めに行うのがベストです。例えば、三月一日に新契約の第一回保険料（月払い）を払い込んで、申し込み手続きをするとします。

得する保険の切り替えスケジュール

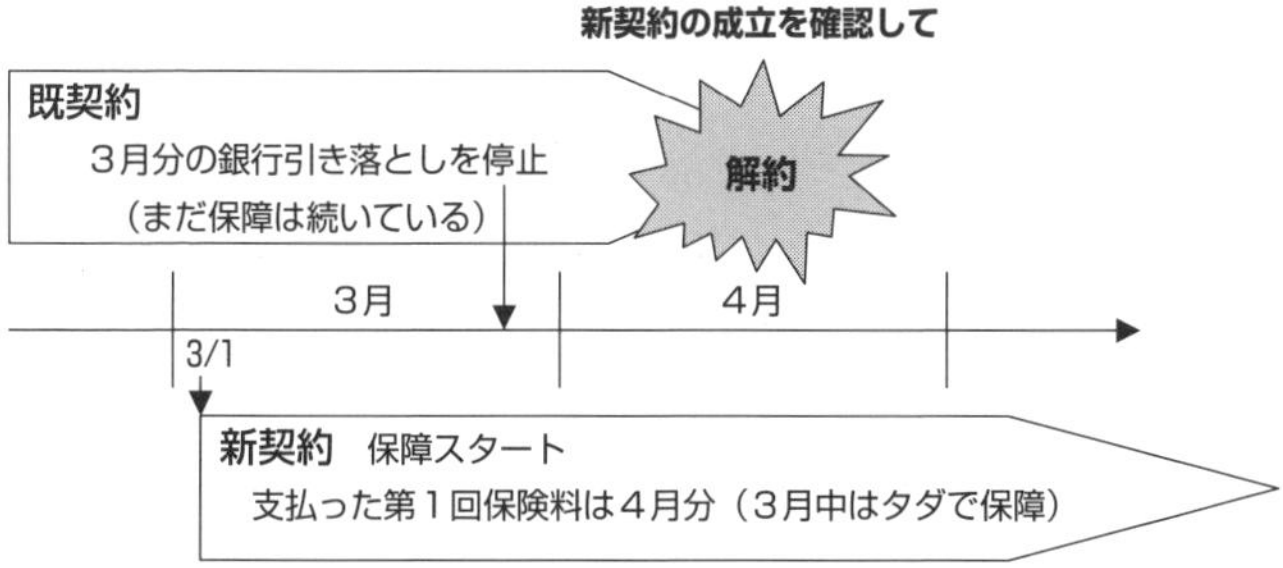

無事に新契約が成立すると三月一日から保障がスタートしますが、支払った第一回保険料は四月分の保険料なので、三月はタダで保障してもらっていることになります。

保険料払い込みには約一カ月間の猶予期間というものがあり、たまたま保険料の引き落としができなくても、直ちに保障切れとはなりません。そこで、銀行で今までの保険の口座振り替えを「預金者の都合」で停止しておき、新契約の成立を確認（約二週間）してから余裕をもって解約するというやり方です。この手順で切り替えをすれば保障の切れ目をつくらず、一カ月分の保険料を浮かせることが可能となります。

第六章　せきね流　ケース別おすすめ見直しプラン

基本方針①　シンプルな死亡保障と医療保障を別々に準備する

内容の分からない保障、自分が理解していない保障は、結局役にたたないという観点から、保険はシンプルを心がけたいと思います。そこで、死亡保障と医療保障を軸に考え、それぞれ主契約で準備するのが分かりやすいと思います。

まず、「自分が死んだら、誰がどう困るか？」という考え方から、死亡保障を準備していきましょう。もちろん、万が一のときが来ても余裕ある準備をしておくことが大事ですが、無事に過ごした場合でも、その保障にかけたコストに納得できるよう「生きる前提で」考えることをお勧めします。

誰でもいつかは、お葬式代などの整理資金だけでよいという時期がきます。自分にとっての必要期間を見極め、現実の生活とかけ離れた無駄な加入を避けましょう。

次に、「生きていく自分が困らないように」医療保障を準備していきましょう。年を重ねるほどに、さらに必要性の増す保障です。本当に必要になってくる年代で保障が切れることや、高齢期に保険料の支払い負担に苦しむことがないよう、長期的な視野を持つことが大切です。

そのほかの保障を特約などで付加する場合でも、その保障内容や給付の条件を「自分がはっきりと理解している」ことが重要である、と肝に銘じましょう。

基本方針②　「ためる」と「捨てる」を割り切る

「掛け捨てでない」という理由で目的があいまいなまま加入したり、「ためる」つもりが元本割れだったりといったような、中途半端な選択は終わりにしましょう。

加入目的の達成を大前提に「ためる」と「捨てる」を割り切りましょう。その方が、結果的に自分のお金を生かすことにつながります。

例えば、医療保障は皆さんがずっと必要と感じている保障です。途中で不要にならないものだから、解約返戻金などなくていい、つまり「掛け捨て」でいいと思います。「掛け捨て」と割り切れず、健康祝い金や生存給付金などの貯蓄機能を求めるから、保険会社に低金利で不確定なお金を預けることとなり、ほかできちんと貯金できない原因になっているのです。

また、死亡保障も「掛け捨て」と割り切れば、固定費の削減にかなりの効果を現します。浮いた分を効率よく今後に生かせる人ならば、徹底してその方法を選ぶのも正解と言えるでしょう。

しかし私としては、状況が許せば、積極的に積み立て型を利用していく方法を提案しています。なぜなら日々、教育費や住宅ローン、保険などやりくりしながら、老後の資金を準備できる人は少ないと思うからです。

せめて、死亡保障を積み立て型にしておけば、いつか必要なくなったら減額・解約して、ご自身のその後の生活のために役立てることができるはずです。

すでに始まっている少子高齢化社会において、そのときまでの準備次第で大きく差が開いてしまうと感じています。

基本方針③　大切な自分と家族のために行動する

保険を見直しする場合、「特約を減額する」とか、「払い済み保険に変更する」とか、あるいは「解約する」といった、今入っている保険会社での手続きが必要になってきます。

「加入のときは飛んできたが、解約といったら半年も音さたがない」なんて話も珍しくありません。

保険会社も商売ですから「ヨシ来た」とはいかないのでしょうが、誠意を持って対応してほしいものです。こちらとしては、大切な自分と家族の生活がかかっています。「解約・減額させてもらう」のではありません。すべての権限は契約者であるあなたにあるのです。毅然《きぜん》とした態度でのぞみましょう。

スムーズな見直し手続きのコツは、担当セールスに電話などしないことです。契約者本人が、お客さまサポートセンターに電話して郵送でのやりとりで手続き完了させるか、必要書類を持って直接保険会社の窓口に行くかどちらかです。担当セールスとらちの明かないやりとりを繰り返すうちに、上司を連れて説得に来て引き留め工作されたりして、面倒な事態になってしまうことがよくあります。

委任状

平成○年○月○日

○○生命　御中

保険契約者
〒○○○-○○○○
住所　○○○○○○○○○○○○○
電話番号　○○○-○○○○
氏名　○○○○○○　　　　印

私、○○○○○○は、下記1の生命保険契約の解約に関する一切の手続きを下記2の委任代理人に委任致します。

1．保険証券番号　○○○○○○○○○

2．委任代理人

〒○○○-○○○○
住所　○○○○○○○○○○○○○
電話番号　○○○-○○○○
氏名　○○○○○○
契約者との関係　○○

注意：契約者・代理人ともに自署で記入すること

委任状のほかに必要なもの
・保険証券
・保険証券に押印されている印鑑（なければ印鑑証明が必要な場合も）
・身分証明書
・解約払戻金などの振込み先口座の情報（契約者名義）
※あらかじめ電話などで確認しておくこと

どうしても本人が窓口に行けない場合の委任状は例の通りですが、迅速にスムーズに完了するためには、やはり契約者本人が直接手続きするのが一番いいと思います。

子どもの学資保険はどうする？

子どもの将来のために、少しずつでも準備したいと思うのが親心です。元本割れと書きましたが、やはり私もわが子のために学資保険に加入しています。予定利率が低くても、契約者死亡時の払い込み免除や確実に教育資金をためることのできるシステムは、やはり魅力です。また、賢く加入方法を選べば「元本割れ」を防ぎながら、学資保険のメリットを享受できることが分かりました。

加入のコツは「ためる」と「守る」を分けて契約することです。

「ためる」は、医療保障や子どもの死亡保障などの特約を一切付けず、返戻率重視で学資保険を選びます。インターネットの比較サイトなどを参考に、支払総額に対し、将来の受取総額がもっとも多くなる学資保険を探して契約します。

「守る」は、単年度決算で運営している生協などの共済の「こども型」

安い！
奥さまが契約されますとお安くなりますよ
「ダメダメ」

（月千円程度）に加入します。こども型共済は、入院やけがの通院などの医療保障が手厚く、さらに一年ごとに共済金や経費を引いた余剰金を割り戻しています。この割戻金がこれまで通り約30％の実績を残すと、年齢にもよりますが「ためる」と「守る」を分けて加入しても、トータルでプラスになる可能性が高くなります。

学資保険のメリットを生かしつつ、特約では得られない医療保障を共済で確保するというわけです。

「契約者死亡で払い込み免除」の特長を生かすためにも、契約者は主たる家計収入を得る者にするべきです。わずかに保険料が安いからといって、専業主婦のママを契約者にするべきではありません。

大学生、大学院生の保険はどうする？

学資保険やこども保険も十八歳や二十二歳で満期を迎えます。そうなると、すねかじりの学生のための保険を準備しなければならないわけで、頭の痛いところです。

すねかじりですから、大きな死亡保障は必要ありません。なぜかこの年代に、掛け捨て更新型の多額の死亡保障のついた契約をよく見かけます。保障切れで親が慌てて勧められるがまま契約するのか？　それとも、いままでつぎ込んだ教育費を取り戻そうという狙いか？　原因は不明ですが、はっきり言って無駄です。

それより、国民年金の「学生納付特例制度」の申請は済みましたか？所得が一定以下の二十歳以上の学生について保険料納付が猶予されるシステムで、十年以内に追納することで老後の年金に反映させることも可能です。なんといっても、保険料を払っていない学生時代に重い障害を負った場合は、障害年金が支給されますので、申請しない手はありません。

学生の保険に関しては、最低限の医療保障だけで十分です。この場合、単年度決算の共済で準備しても良いですし、長い目で見れば同じくらいの金額（二千円程度）で、終身医療保障を確保することも可能な年代なので、検討してみるのもいいでしょう。その場合は、就職したら必ず保険料の支払いを引き継いでもらうことです。

子どもの独立は経済の独立でもあります。教育費という巨額の投資を受けてきたわけですから、就職後はそれに見合う成果を挙げるよう指導すべきです。それを親に還元しようとまでは言わなくても、せめてこれからは自分の足で歩いていく覚悟を決めなければなりません。

生命保険ぐらいといって、いつまでも親が援助を続けることは「親に経済的に頼ってもいい」という勘違いを植えつけ、いわゆるパラサイトシングルを生む原因となります。

社会人になった子どもの保険は掛けてやる？

せっかくここまで掛けてきた保険なのに、社会人になった子どもは引き継いでくれないし、解約したら損だといわれるし…。まさに行くも地獄、帰るも地獄とはこのことですね。

そもそも稼いでいない子どもに、保険セールスの言うなりに無駄な保険を掛けるからこういうことになってしまうのです。それも、親が保障内容を理解していないので、その保険を引き継ぐメリットを子どもにきちんと説明できません。

もし、若さを生かして加入した割安な医療保険なら「これから自分で入り直すより経済的である」と自信を持って言えるはずです。また、最低限の保障を単年度の共済で準備していたなら、引き継いでくれないこと自体を嘆く必要もありません。

または、貯蓄タイプの保険なら解約してもそれほど痛手になりませんし、「今現在でいくらの価値がある」と教えれば、子どもの方から欲しがるかもしれません。

一番問題なのは、無駄な保険を持て余すような親の金融知力の低さを、子どもが負のスパイラルとして引き継いでしまうことです。親の入ってくれた保険の内容も知ろうともせず断った子どもは、自分もまた同じような無駄な保険に加入してしまう…。カエルの子はカエル、カモの子はカモなのです。

六十代の相談者が見直しの後、私におっしゃいました。

「自分がこれまで払ってきた保険料はもう仕方ないですが、この知識を生かして、子どもの代で取り戻すよう教えます」

心からのエールを送りたいと思います。

新社会人のあなたへ

晴れて社会人となったあなたはまさに保険勧誘の標的です。しかし、一番初めに加入する保険は今後の保険契約に大きく影響しますので、「とりあえず」や「言われるがまま」の加入はやめましょう。

私は、若いうちに一生にわたる保険の基礎固めをすることをおすすめしています。まず、基本となる医療保険を主契約で契約します。終身保障が続き、現役時代に保険料を払い終える、理想的なタイプの医療保険もわずかな金額で準備することができます。

特に、掛け捨ての大きな死亡保障を準備する必要はありません。できれば「終身保険」や「超長期定期保険」などを利用して積み立て型で準備してほしいと思います。積み立て型にしておけば、どうしてもお金が必要なときは支払った保険料のほとんどを自分で利用でき、必要なければ一生の基礎保険としての役割を果たしてくれます。

新社会人　おすすめ加入例

23歳　男性（非喫煙・健康体）

解約返戻率…30歳時84.2%、47歳時100.4%、65歳時113.4%

死亡保障　1000万円（終身保険＋95歳定期）	9,624 円/月
終身医療保障　入院1日5千円　60歳払い済み	1,990 円/月
合計月保険料	11,632円

20歳　女性（非喫煙・健康体）

解約返戻率…30歳時89.1%、44歳時100.1%、65歳時116.5%

死亡保障　1000万円（終身保険＋95歳定期）	6,982 円/月
終身医療保障　入院1日5千円　60歳い払済み	1,835 円/月
合計月保険料	8,817円

家族ができるなど将来もっと保障が必要になったら上乗せすればいいわけですから、最初の契約金額としては三百万円でも五百万円でもいいと思います。しかし、おすすめ例のように一千万円の死亡保障を契約した場合、月々一万円程度の負担で、四十代で解約返戻金が払込保険料を超えてしまいます。つまり、ほとんどない「万が一に」備えながら、支払った保険料を超える資産を形成できるというわけです。

若いうちから保険の知識があれば、一生で数百万円の差が出ると私は確信しています。

新社会人は若く健康であるという利点を生かしつつ、知識不足で無駄な保険料を払うことのないよう注意してほしいと思います。

喫煙せず健康に自信があるあなたへ

いくら健康に自信があっても、だから保険には入らないといえる人はいないでしょう。

以前は、同じ年齢であれば、太りすぎでヘビースモーカーの人も、健康管理に気を使うスポーツマンも保険料は一緒でした。しかし、明らかに病気になる危険度は違いますよね。現在では自動車保険のように生命保険料もリスク細分化されています。

そこで、あなたのような方に朗報です。

健康状態が良好である、血圧が正常値、やせすぎでも太りすぎでもない、一年以上たばこを吸っていないなどの条件をクリアすると、保険料が優遇される死亡保険が出てきているのです。

月に数百円、数千円の割引でも長期に支払うものですから、これを活用しない手はありません。貯蓄性のある保険ならば、解約返戻率にも差がでます。ぜひ積極的に利用しましょう。

健康体・非喫煙体保険料割引の例

40歳男性　死亡保障3000万円　（外資系生保A社）
定期保険15年　月払い保険料

標準体　10,500円

↓　480円割引　（4.5%ダウン）

健康体　10,020円　健康状態良好・所定の検査にて判定

↓さらに　1,530円割引　（さらに15.2%ダウン）

優良体　8,490円　健康の条件クリア・BMI所定範囲内・1年以上喫煙していない

40歳男性　死亡保障1000万円　（外資系生保B社）
長期定期保険95歳まで　月払い保険料

標準体　16,270円

↓　320円割引　（1.9%ダウン）

健康体　15,950円　健康状態良好・BMI所定範囲内・所定の検査にて判定

↓さらに　460円割引　（さらに2.8%ダウン）

非喫煙体　15,490円　健康の条件クリア・1年以上喫煙していない

独身のあなたへ

経済的には誰の世話にもならず、誰の世話もしていない独身ならば、基本的には保険もシンプルでいいはずです。

前ページの新社会人と同様、基本となる医療保険と積み立て型の死亡保障のセットで良いと思います。今後、結婚資金や住宅資金の一部として積み立て部分が役に立つかもしれません。間違っても、誰のためなのか不明の掛け捨てや更新型の死亡保障などは契約しないでください。

独身貴族のあなたは、「結婚だけが人生じゃない」と考えているかもしれません。人それぞれの生きる道ですから、それもいいと思います。ただ、せっかく加入した保険の存在を、誰かに分かるようにしておいてくださいね。

例えば、あなたが動けなくなるくらいの大病をしても、寝たきりになっても、あるいは亡くなっても、誰かが請求してくれなければ、その保険は本来の役目を果たしません。

あなたの生命保険の受取人が高齢の親御さんになっていて、その親御さんに先立たれた場合、受取人の変更は忘れずに行ってください。

結婚するあなたたちへ

独身と独身のあなた方二人が、縁あってひとつの家族となるわけですから、以前よりさらに守りが固まったといえます。実際、社会保障においても、サラリーマンの奥さんは有期年金ですが、遺族厚生年金を受け取る権利が発生します。

住所や受取人などを変更する手続きのついでに、お互いの保障内容を確認しましょう。生涯の心強い味方ができたのですから、それぞれの基礎固めとなる保障が準備できているかチェックしていくことになります。

１９１ページのおすすめ加入例を参考にしてもらいたいのですが、保障金額よりも、更新型でないか、無駄な保障を掛け捨てにしていないかを中心に確認してください。

できちゃった結婚でない限り、「結婚した」というだけで大きな死亡保障を準備する必要はありません。新婦がこれまでのお勤めを続けるなら、なおさらです。

その後、お子さんを授かり、どちらかが事情で経済的に養ってもらう形になったとき、初めて基礎部分にプラスする保険などの検討が必要になります。また、奥さんの収入が家計の柱になっている場合は、公的な遺族保障がありませんので、収入保障のための保険加入をしておくと安心です。

「必要な時に必要な分だけ」という姿勢が、無駄な保険料負担を防ぐことになります。

主婦のあなたへ

まず第一に、掛け捨ての死亡保障をやめましょう。

主婦の仕事といわれる家事や育児は、重労働な上にきりがなく、法定休日もないので、給料にしたら相当なものだと思います。しかし、「家族の健康を考えて食事を作る」とか、「季節の変化や子どもの成長に合わせて衣類をそろえる」とか、「献身的に看病する」といったように、愛情を持ってしかできないそれらの働きを、お金に換算することはできないのが現実です。

掛け捨てで数千万円の死亡保険を契約している主婦の方をときどき見かけますが、この機会に見直して今後の効果を実感してほしいと思います。死亡保障は、終身保険や負担にならない程度の個人年金保険での準備で十分だと思います。

あえて「負担にならない程度」としたのは、住宅取得や教育資金でまと

まった資金が必要なとき、真っ先に奥さまの個人年金保険を解約するケースが多いからです。途中でやめるなら意味がないので、老後資金準備は続けられることが重要になります。

基本となる終身医療保障の準備の仕方ですが、ご主人の生命保険の家族特約ではなく、奥さま自身の独立した保険にしておいた方が後々面倒がありません。

どちらが先に逝くか分かりませんし、あなたに限ってないとは思いますが、離婚によるトラブルも非常に増えています。

子どもができたら保障を追加　積み立て編

お子さんを授かったからには、これから育てていく責任があります。この時点で、教育資金準備としての学資保険と、パパの（稼ぎ頭のママの）死亡保障の上乗せを考えていきましょう。

仮に今、終身保険で一千万円の死亡保障がある場合、万一のときの生活を想定し、遺族年金や団信生命、組織保障などの準備済み保障や配偶者の収入など総合的に考え合わせ、上乗せの必要がなければ学資保険の加入だけでよいでしょう。

総合的に考えて、保障を足していく必要が出てきたときにはまず、超長期定期保険や終身保険などの、積み立てタイプを上乗せすることから検討していただきたいと思います。もちろん、家計の状況が許せば…の話ですが、挑戦する価値は十分にありますよ。もし可能なら、生涯で生命保険にかけるコストは極めて少なくなります。

積み立て型死亡保障　おすすめ追加加入例

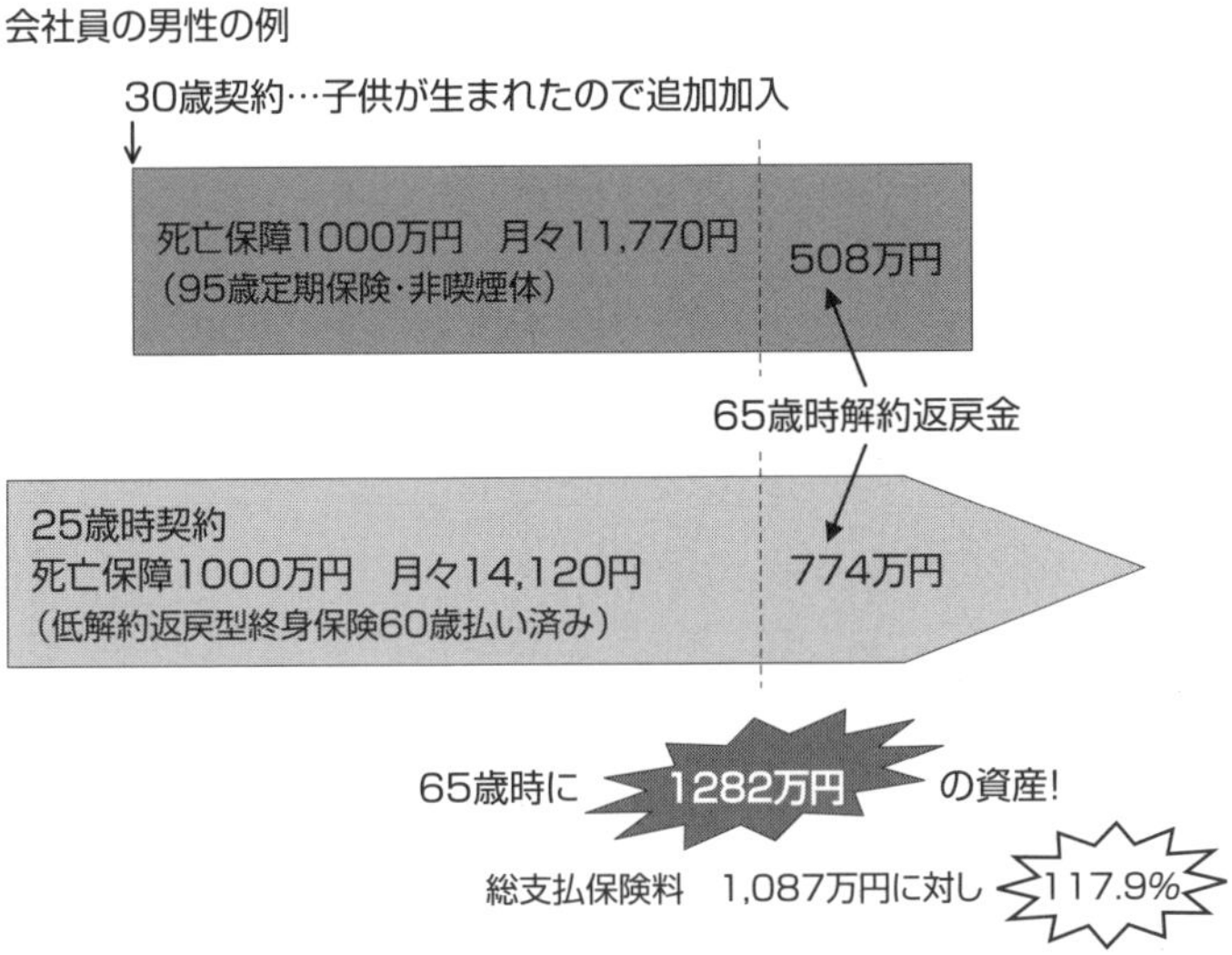

万一に備えながら、あなたが現役時代を終えるころ、預貯金以外の含み資産（解約返戻金）が一千万円…というのも夢ではありません。

子どもができたら保障を追加　掛け捨て編

たいていは前ページのように、すべて積み立て型にするほどのコストは掛けられず、上乗せ部分は定期保険での準備ということになると思います。

さて、万一のとき、一度に大金を手にした遺族が、

「うまく資金コントロールしていけるか？」

というと、どう思いますか？　実際、長い人生において、運用しながらそのステージごとにうまく取り崩すことは、かなり難しいと思います。

そこで、上乗せ部分は月収を保障する定期保険で準備することをおすすめします。つまり、万一のとき、遺族年金のほかに月々いくらくらいあれば余裕ある生活ができるか？　という設計の仕方です。この考え方は無駄な保障を省くばかりではなく、かなり保険料の節約になります。

仮に、「総合的に考えると、遺族年金（月額十五万円）のほかにあと月々

掛け捨て型死亡保障　おすすめ追加加入例

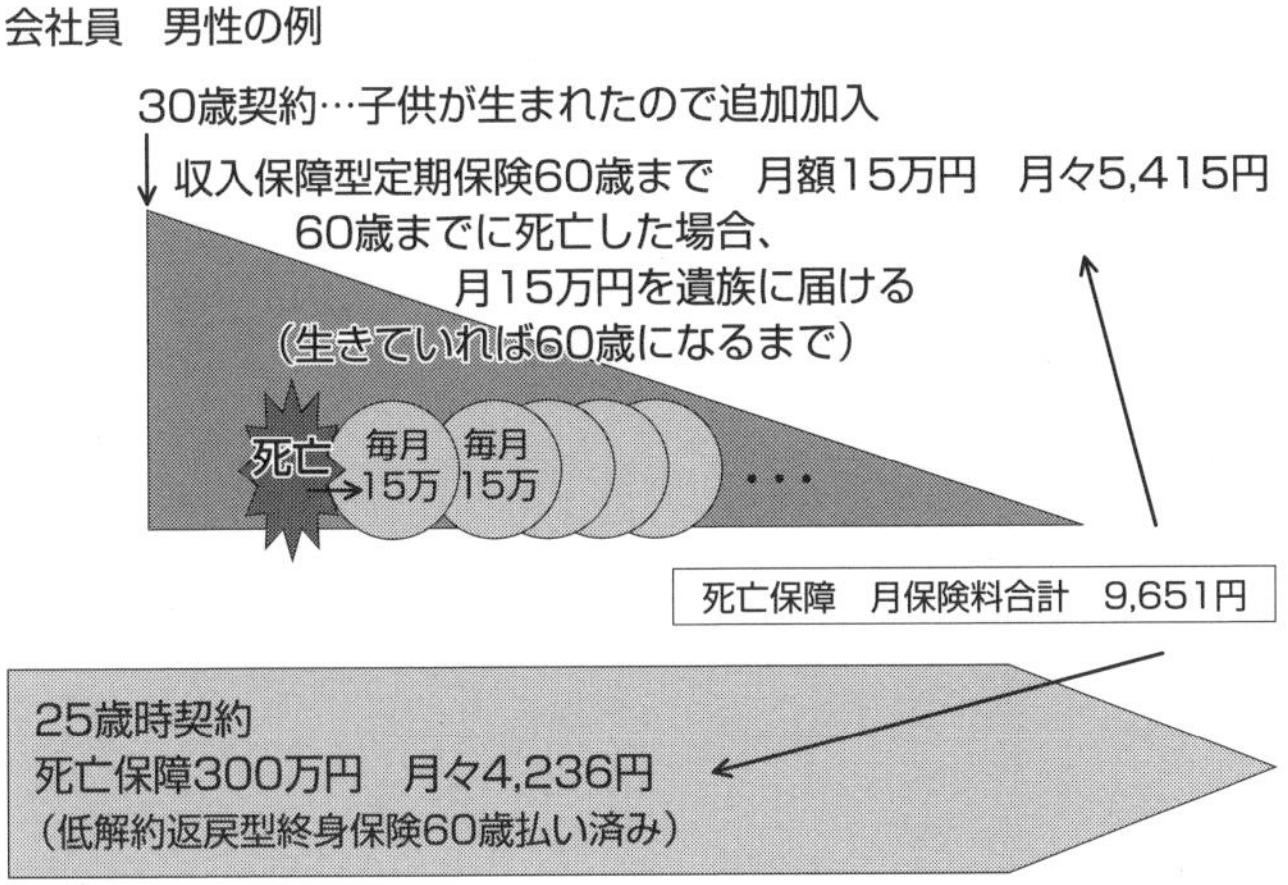

十五万円あれば、安心して生活が送れそう…」と思うなら、図のような収入保障型定期保険はいかがでしょうか？

無事に生きても、現役引退後はお給料をもらってこないわけですから、六十歳や六十五歳までなどの定期保険でいいはずです。

これなら、固定費として家計を圧迫することもありませんし、更新などの値上がりに苦慮することもありませんね。

収入をアテにされている奥さんのあなたへ

働き方や価値観の多様化により、家計の収入構成も一様ではなくなりました。

「ウチはダンナが主夫」とまではいかなくても、奥さんが稼ぎ頭である家庭はもはや珍しくありません。

しかし日本の遺族年金制度は、お父さんが大黒柱であるケースしか想定していません。つまり、お母さんを亡くした父子家庭には公的な保障がないのです。そのため、やはりその分は自分たちで準備しておくよりほかはありません。また、大黒柱とまではいかなくても、奥さんの収入が残される家族にとって必要不可欠な場合は、やはりそれなりの準備が必要でしょう。

その場合、奥さんの手取り収入などを基準にした、収入保障型定期保険の利用がおすすめです（前ページ参照）。女性は男性より長生きのため、さらに家計にやさしい保険料で十分な保障を準備することができます。

例えば、三十五歳の女性で六十歳までに万が一のことがあったら、毎月二十万円を遺族に届ける保険に加入した場合、月保険料は五千円くらいです。男性に比べ喫煙率が低く、体重を管理している方も多いので、保険料割引の条件が合う可能性も高いと思いますよ。安心して、ますますのご活躍を！

マイホームを手にしたあなたへ

住宅ローン実行で、めでたくマイホームの夢をかなえたあなたは、絶好の保険の見直し時期にきています。

住宅ローンに付いている団体信用生命保険に加入したことで、返済中に死亡または高度障害状態となった場合は、残りのローンが一括返済されることになります。これまで住まいに関する保障も生命保険で準備してきたあなたは、その分の死亡保障を見直しすることが可能となります。この機会に、万一の生活を想定し、そのほかの準備済み保障と考え合わせて、無駄な死亡保障のダイエットに挑戦しましょう。

一方、病気やけがで入院して働けない状況になっても、ローンは待ったなしですから、医療保障はこれまでより充実させておくべきでしょう。自営業で、即収入減となる方はなおさらです。

最近は、がんなどの三大疾病やそのほかの生活習慣病などにかかり、一

定の状態になると、ローンの残債がゼロになるという保障付きローンが出ていますね。金融機関にすすめられて利用された方もいるでしょう。

保障付きローンで注意すべきところは、がん以外は、その病気になっただけでは一括返済されないという点です。がん以外の病気は、六十日以上の労働制限や一年以上の就業不能など厳しい条件がありますので、十分に確認しておきましょう。

また、ローン返済終了時にはそれらの保障も一緒に終わってしまいます。そのため、やはり終身医療保障は別に準備しておくことが必要となります。

脱サラするあなたへ

厚生年金などの社会保障や、組織保障の厚い会社に勤めていた方が自営業主となった場合は、保障の総点検が必要です。

独身ならともかく、扶養家族がいる場合はこれまでの保障では、万一のとき足りない可能性があります。遺族年金などの社会保障から死亡保障を再構築し、収入保障の役割から医療保障もこれまでより力を入れたいところです。

さて、事業が軌道に乗ってきたら、節税や資産形成におすすめの方法があります。その方法とは、「確定拠出型年金　日本版４０１ｋ」です。

会社勤めの方は月額最高一万八千円の拠出限度額ですが、個人事業主は国民年金基金や付加保険料と合計し、月額最高六万八千円まで加入することができます。年間最高八十一万六千円を所得控除でき、通常20％課税される運用益も非課税で、六十歳以降に受け取るときも税制優遇が適用され

ます。

自分で運用の指図をするわけですが、十年以上の長期で分散投資すればマイナスにする方が難しいと思いますし、逆に想像以上の成果が期待できるのではないかと考えています。

せっかく夢を持って独立したのですから、後でサラリーマンを続けた同僚より年金が少ないとか、退職金がないなどと嘆くことのないよう税制優遇を受けながら計画的に資産形成し、「選んだ道で大正解」と将来も笑顔でいたいものです。

経営者のあなたへ　入院しても税金ばかり払う？

個人の世帯単位で考えた場合でも、生命保険の見直しで数百万円の自己資金（キャッシュフロー）が改善される例をたくさん見てきています。

これが、節税効果もある法人保険となると、その見直し効果はケタ違いです。しかし、残念ながら多くの経営者の方々はそのメリットを生かさず、会社ごとカモの様相を呈しています。

例えば、経営者保険に三大疾病前払い特約や入院、手術の医療特約が付いているのをよく見かけますが、実際に、それらの給付金を法人として受け取った場合、税制面で非常に不利です。

仮に、百万円の入院給付金を会社が受け取りますと収益となり、約40％の法人税が取られます。残りの六十万円を社長に支払うと、見舞金として福利厚生費が認められるのは多くても二十万円くらいでしょう。あとの四十万円は役員賞与となりますから、会社としては損金不算入、社長としては所得税を課税されます。

　この医療保険を個人で契約していれば、入院給付金はすべて非課税ですので、違いの大きさが分かると思います。

　また勇退のとき、経営者保険の医療特約だけを個人に付け替えることは不可能ですので、長期的に考えても「医療保険は、個人で終身型」が賢明です。

ます。

経営者のあなたへ　戦略的生保加入のススメ

経営者保険においては、個人以上に根拠のない必要保障額が横行しています。

「特に根拠はないが、死亡保障一億円」

というような場合です。

経営者が万一のときの会社のダメージを想定し、借り入れの返済が必要か？　どのような資金不足に備えるべきか？　死亡退職金や弔慰金の準備はどうか？　スムーズに事業継承できるか？　などを総合的に考えて、保障額を決定するのが経営者保険の本来の姿だと思いませんか？

法人においては「捨てる」と「ためる」を割り切ることが、さらに重要になります。「掛け捨て」と割り切って全額損金でコストダウンに徹するか、一部損金などの契約で簿外含み資産を形成し、不況時にも耐えられる体力づくりをするか、役員勇退時の退職金準備にシフトするか…、会社の方針により選択肢が変わってくると思います。

設計次第では、課税繰り延べプランや社長の退職金二度受け取りプランも可能です。御社ならではの戦略的加入をお考えいただきたいと思います。

保険の更新時期を迎えるあなたへ

「もうじき、保険の更新で値上がりする」

これが、相談を依頼される一番多い理由です。

勧められるままに保険加入すると、たいてい十年ごとに更新するタイプになっていますから、多くの人が「更新による見直し」を経験されていると思います。

さまざまな年代の方が更新時期を迎えるわけですから、万人向けの「こうすればいい」というアドバイスは難しいのですが、誰にでも効く特効薬が一つあります。

「更新するような特約はやめる」です。

「更新」でいいことは一つもありません。医療保障は終身型を希望されているわけですし、死亡保障も末のお子さんが生まれた時点で大まかな予想が立てられます。

この特効薬により、基本の保障がハッキリと確認できますし、必要な保障を、今度は更新型ではないタイプで新たに準備すればいいのです。

保険見直しの好機ととらえ、プラス思考で臨んでほしいと思います。

子どもたちが独立したあなたへ　お荷物とならないために

子どもたちが巣立ち、それぞれの人生を歩み始めたことは喜ばしいことです。そして、それを見守るあなたは、保険に対する考え方も方向転換の時を迎えています。

これまでは、親の責任として「子どもに不自由させてはならない」と心を砕いてきたわけですが、これからは親の責任として「子どもに迷惑をかけない」保険選びを心がけていきましょう。

これからお世話になる可能性の高い医療保障は、きちんと準備できているか確認していきましょう。また、「介護」というキーワードに敏感になる人も多いかもしれません。しかし、これから民間の介護保険に大金をつぎ込むより、貯蓄で備える方が、私は得策と考えています。

整理資金や、必要な連れ合いの生活保障を除いた無駄な死亡保障は、大胆に削っていきましょう。遺族年金や退職金などの組織保障、これまでの蓄えや不動産価値などを総合的に勘案すると、必要な死亡保障はかなり減ったことに気がつくでしょう。中には、準備済み資金が必要保障額をオーバーしている方も、実はたくさんいるのではないかと思います。

急に死亡保障が少なくなり不安を覚える人もいるかもしれませんが、いつまでも保険料が家計を圧迫し、そのために十分な老後の資金準備ができず、子どもに経済的な援助を求めるほうがよほど迷惑です。

子どもの独立から退職までの期間は、一気に蓄えを増やすチャンスです。早めに気持ちを切り替え、できるだけ「お荷物」とならないよう準備しましょう。

子どもたちが独立したあなたへ　終身死亡保障の準備方法

「よくよく見たら、加入している保険は長生きしたら葬儀代にもならない」

そんなあなたが一生続く死亡保障を新たに準備したい場合に、有利な加入の形をいくつか紹介したいと思います。

現役引退まである程度の期間があり、それまでに保険料を払い終わりたいと思うなら「低解約返戻金型終身保険」が有効です。

これは、保険料払い込み中は解約返戻金を少なめに設定してあります。その代わり払い込み終了後は、解約返戻金が払い込んだ保険料を上回るタイプ（契約年齢による）です。途中で解約の可能性がなければ、通常より保険料が安くなっているのでお得ですし、もしかして老後資金に使うかもしれないという人にも役に立つと思います。

「お葬式代だから解約は絶対ない」という方は、「変額終身保険」にすれば、さらに保険料が割安です。変額という名前の通り、解約返戻金や保障額が運用により変わりますが、死亡保障額は最初に決めた額を上回ることはあっても下回ることはありません。

また、まとまったお金を一時払いして終身保険を準備するとしたら、さらに選択肢は広がります。外貨建ての終身保険や一時払いの変額年金保険など、健康状態に関係なく加入することが可能となります。

子どもたちが独立したあなたへ　無理のない医療保障を

「死んでいくらはもういい。病気やけがへの備えを充実させたい」

という人も多いでしょう。

そんなあなたのために、医療保険の加入方法を紹介したいと思います。

一生続く医療保障が心強いと思いますので、基本的に更新型でない終身医療保険を準備していく方針とします。保険料の払い方はさまざまで、

「ある時までに払い込みを終える払い済みタイプ」

「あとで負担が軽くなる負担軽減タイプ」

「生きている限り払い続ける終身払いタイプ」

などがあります。年金収入だけとなる高齢期に、保険料負担がなく（軽く）なるのが理想ですが、加入時の年齢条件もありますし、それぞれの都合でいいと思います。

終身払いのタイプは、後々保険料負担に耐えられず解約…、などという

ことがないように長期的な見込みが大事になります。

また、払い済みタイプで気になるのは、月々の引き落としがないため、加入の事実を本人も周囲も気づかず請求漏れとなる可能性です。そのため、前もって周囲の人に、保険加入を知らせておく必要があります。

退職するあなたへ　今後のために親離れと子離れ

職業人としての現役を終えるとしても、この先人生まだまだ長いわけです。これからますます精力的に前向きに第二の人生を送るために、保険も再構築しましょう。これからお世話になりそうな医療保障、いつの日か必要となる整理資金としての死亡保障、…それぞれ準備はＯＫですか？

最近、特に気になることがあります。

決して多くない年金の中から、いい年をしたお子さんの生命保険料を支払っている高齢者の方が目に付くことです。それはけっこうな額の固定費として生活の潤いを奪っているというのに、お子さんたちは、特別ありがたいとも思っていない…そんなケースです。

長くお勤めされてきた方は、自分と比べ少ない収入のお子さんの代わりに支えてきたつもりでしょう。また、これまでのお給料があれば、支払いも苦にならなかったかもしれません。でも今、退職を目の前に親子のあり方もお金の使い方も考え直す時期がきています。特に同居の場合、このタイミングで家計についての話し合いの場を持たないとチャンスがありません。

次世代を生きるお子さんの成長のために「経済的親離れ」を促し、これからの充実したセカンドライフのために「精神的子離れ」をめざしましょう。

退職するあなたへ　保険でリスクなしの資産運用

退職金などでまとまった資金を手にする場合、今後のお金の生かし方（資産運用）に困ることも多いと思います。これからは運用の時代といわれても、虎の子を慣れない株式投資や投資ファンドで減らしたくはないし、かといって安全重視で銀行においておけばバス代にもならない…。そんなあなたのために、保険での資産運用をご紹介します。

まず、退職金を「日常生活資金」「しばらく使わない資金」「誰かに残したい資金」という三つの性格の資金に分けます。「誰かに残したい資金」は、一時払い終身保険としてあて名つきの遺産とし、「しばらく使わない資金」は「一時払い変額年金保険」として、最低十年間の長期国債分散投資を行います。最近の「一時払い変額年金保険」は退職金用の開発が進み、110%、120%などの運用成果を享受する楽しみがありながらも、たとえ運用がうまくいかなくても、十年後の一括受取資金が、一時払い総額を下回ることはないというスグレモノができました。
まさに置き場所を変えるだけで、リスクを取らずにお金に働いてもらうことが可能となります。

退職金を3つの性格に分けて保険を活用

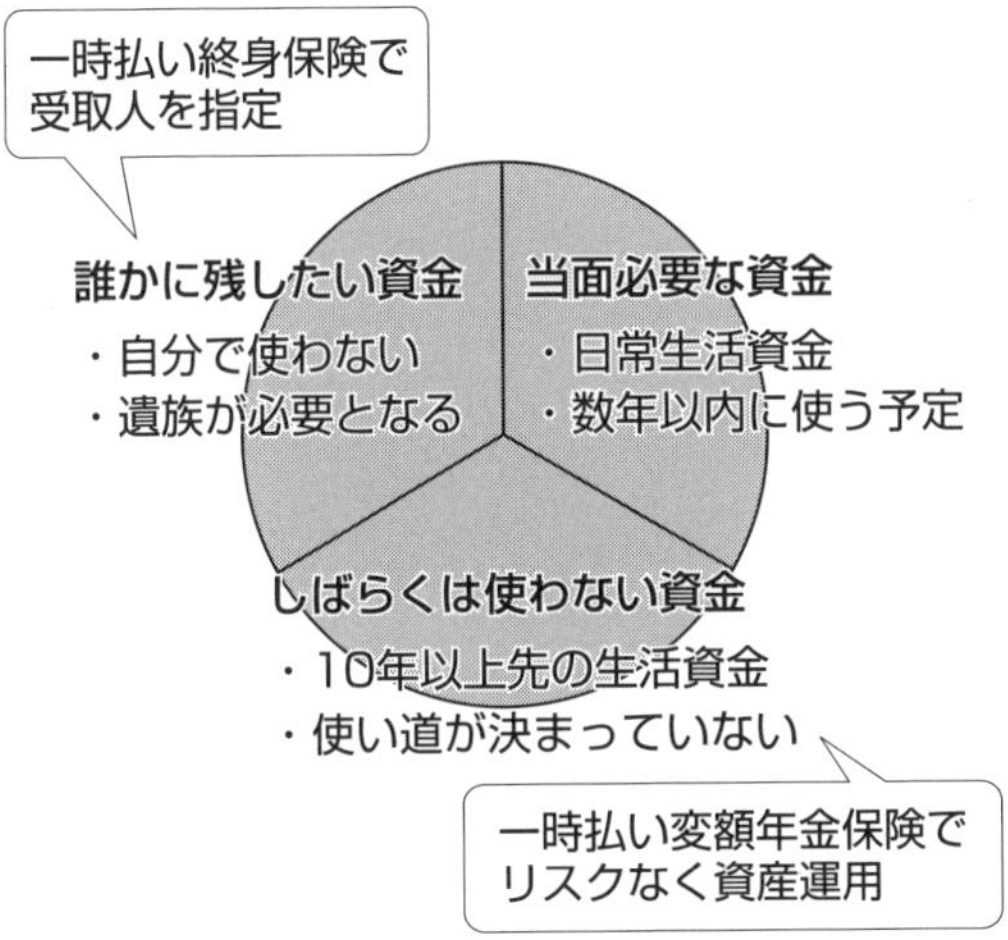

お薬を飲んでいるあなたへ

「お薬を飲んでいるから、即保険加入はダメ」かというと、そんなことはありません。高血圧症で入院歴はないが、お薬を飲んでいるあなたのような方はその例です。

お薬を飲んで常に血圧をコントロールしているということは、それに起因した病気の発生を抑えることになります。そのため、高血圧症でお薬を飲んで、正常血圧を保っている人は、通常の医療保険に加入することができます（年齢により、正常と見なされる範囲は違います）。高脂血症や高尿酸血症も同じような基準が設けられています。

自分で勝手に加入できないと決めつけて、「誰でも入れる医療保険」や「引き受け基準のゆるい保険」に加入した方は、割高な保険料を払っていることになりますので見直しが必要です。

逆に高血圧でありながら、適切な治療を受けず放置していた場合は、保険に加入することができません。保険会社としては、そういう方を「健康管理できない危険人物」と判断するのでしょう。

病歴を持つあなたへ

若いころにがんになったとか、昔、脳卒中になったとか、過去に大病を患ったが、このところずっと健康状態に問題がないという方もおられるでしょう。

こういう場合、最後に治療を受けてから五年以上たっているかどうかで、保険会社の見方が変わるようです。

一般的な保険は、過去五年以内の治療歴について告知を求めてきますので、ありのままに健康状態を告知することが大前提です。しかし、聞かれてもいない五年以上前の治療歴を、わざわざ話す必要はありません。あきらめていた人も可能性がでてきたのではないでしょうか。

仮にそれが五年以内だったり、治療が続いていたり、持病があったりしたとして、保険の加入がムリだとしても、それが何だというのでしょう?第5章164ページのように、「入ったツモリ」貯金で準備すればいいのです。「入れる保険」をムリに探す必要はありません。

「保険」は万能ではありませんから、すべてを保険で準備しておこうというのが、初めから無理な話なのです。メリット、デメリットを理解して、頼りすぎないのが賢い付き合い方のコツのようです。

あとがき

私は金融関係の勤務を経て、育児のかたわら、

「勤務経験を生かして何か資格でも…」

「知らなくて損するのは嫌だ。自分が得したい」

という主婦目線で、ファイナンシャルプランナーなどの勉強を始めたわけです。

ところが、学んでいくうちに勤務時代の知識や視野の狭さにショックを受け、

「自分の成績のための提案ではなかったか?」

「自分は本当にお客さまの役に立ったか?」

と考えさせられることとなりました。

金融関係の仕事はある意味、ノルマとの戦いです。私は保険会社に勤務したことはありませんが、生命保険の世界では、さらにそれが顕著であると感じていました。

勉強を続けながら、どこの組織にも属さない私としては、相談者や消費者のためだけにアドバイスができる立場にこの上ない幸せを感じ、

「自分だけでなく誰かも得させたい」

「もっとたくさんの人に情報を伝えたい」

と、自主開催で無料セミナーや相談会を続けていたところ、徐々に色んな方面から声をかけていただけるようになりました。

現在私は、セミナー受講者や相談者の皆さまからの、

「もっと早く会いたかった」

「教えてくれてありがとう」

という多くの言葉をエネルギーに変え、精力的に仕事をしています。この本を出版することでその輪が広まっていくなら、これ以上うれしいことはありません。

最後に、私の活動の趣旨にご賛同ご協力いただき、出版にも大変ご尽力いただきました新潟日報事業社の鬼嶋一之部長ならびに社員の皆さまに心より感謝申し上げます。

また、資格取得中から現在まで、家事や育児など私の一番の協力者である家族、特に義母に心からありがとうの気持ちを伝えたいと思います。

二〇〇八年二月

関根　芳美

■著者略歴

関根　芳美（せきね・よしみ）
せきねFP社会保険労務士事務所　代表
1967年生まれ。産業能率短期大学卒業後、証券会社等金融機関勤務を経て、子育てのかたわら数々の資格を独学で取得し、事務所設立。現在、ファイナンシャルプランナー・社会保険労務士・消費生活アドバイザー等の立場からセミナー講師や労務顧問、個人相談、執筆、ラジオ出演など幅広く精力的に活動している。

カバーデザイン　梨本優子
イラスト　荒井晴美

そんな保険《ほけん》はやめなさい

2008（平成20）年3月11日　初版第1刷発行

著　者　関　根　芳　美
発行者　徳　永　健　一
発行所　㈱新潟日報事業社
〒951-8131 新潟市中央区白山浦2-645-54
TEL　025－233－2100（直）
FAX　025－230－1833
http://www.nnj-net.co.jp/
印刷所　新　高　速　印　刷　㈱

 ISBN978－4－86132－264－8